日本会議とは何か

「憲法改正」に突き進むカルト集団

上杉　聰【著】

目次

※なお、本文中の敬称はすべて略した。

序　章◉日本政治の大きな焦点・憲法改正

7月選挙後に行なわれる憲法改正？

日本の政治において、巨大な問題が改めて焦点化している。「憲法改正」である。これについて、まず2つの事実を指摘しておきたい。

その1つは、2016年7月の参議院選挙が終わると、憲法改正が焦点になるという言説が、数年前から繰り返し、なかば公然と語られてきたことである。安倍晋三総理も、2015年2月4日、今年7月の参院選後に憲法改正の発議をするのは「常識」と語っている。これは、自民党の船田一元憲法改正推進本部長（当時）が、安倍総理との会談直後に行なった記者会見で明らかにしたものだが、わずかにNHKとTBS、および通信社やデジタル報道のみが報じた。時事通信社の報道は、「首相としては、参院選で議席の上積みを図り、改憲の環境を整えたい考え」（2月4日）と少し詳しく解説している。

この発言は、その後しばらく、安全保障法制の審議の喧噪にまぎれ、焦点になることはなかった。だが、憲法学者による違憲表明などで同法案の成立が難産しはじめると、それにいらだつ人々のなかから、改めて憲法改正論が浮上してきた。その人々こそ本書で取り上げる「日本会議」の面々なのである（２０１５年７月６日「安全保障関連法制問題に関する見解」日本会議ホームページより）。

第３次安倍改造内閣が２０１５年10月７日に発足すると、首相は「一億総活躍社会」という経済最優先の政策を、以後次々と打ち出す。憲法改正は、もう関係ないように見えたが、彼はその日の記者会見で、残る３年の任期をどうするかと質問をうけ、「この３年間というスパンで見ていきますと……時代が求める憲法の姿、国の形についても国民的な議論を深めていきたい」（首相官邸ホームページ、読売新聞２０１５年10月８日）と明言した。その後も経済政策を押し立ててさまざまな政策を打ち出す安倍首相だが、その陰で、近い考えをもつ議連などではむしろ、憲法改正を強調してきた事実がある（朝日新聞２０１５年11月30日など）。

「改憲」と「加憲」の違い

すでに衆議院では、自民・公明を合わせると、憲法改正の国会発議に必要な3分の2の議員数を超しているが、きたる参議院選挙で、自民党が議席を大幅に増やすとしても、改選議員は半数にすぎない。参議院で一挙に20人規模の増加を得ることはかなり困難といえる。しかも、与党・公明党は「加憲」（「環境権」など新たな条項を加える）しか認めておらず、「改憲」に強く反対してきた。「改憲」は、一見して絶望的にさえみえる。

図 01　現在の国会会派別所属議員数と憲法改正の条件

ゴチックは改憲派

衆議院（2016年4月7日現在議員数）		参議院（2016年4月7日現在議員数）	
自由民主党	**291**	**自由民主党**	**115**
民進党・無所属クラブ	96	民進党・新緑風会	65
公明党	35	公明党	20
日本共産党	21	日本共産党	11
おおさか維新の会	**14**	**おおさか維新の会**	**8**
生活の党と山本太郎	2	**日本を元気にする会**	**4**
社会民主党・市民連合	2	**日本のこころを大切にする党**	**3**
（無所属）	12	生活の党と山本太郎	3
欠員	2	社会民主党・市民連合	3
		新党改革・無所属の会	1
		無所属クラブ	4
		（無所属）	5
		欠員	0
衆議院合計	475	参議院合計	242

475 × 2/3=317 人まであと…
317 − < **ゴチック 291+14=305**>=12 人

242 × 2/3=162 人まであと…
162 − < **ゴチック 115+8+4+3=130**>=32 人

そこで焦点となるのが、野党の中から改憲勢力が出てくることである。「維新の党」から分かれた「おおさか維新の会」（以下「大維」と略す）を加えると、「自民」「大維」「日本のこころを大切にする党（旧・次世代の党）」による改憲連合ができれば、衆院であと12人、参院ではあと32人となる。公明党を外しても3分の2を超える可能性が高まっている（**図01** 現在の国会会派別所属議員数と憲法改正の条件参照）。とくに大維の議席数が注目されてきたのはこのためである。

大維の実質的な中心となってきた橋下徹・大阪市長（当時）は、２０１５年12月12日に開かれた党大会のあと、「憲法改正の最大のチャンスがやってきた。参院選で自公とおおさか維新で3分の2を超えることを目指して頑張ってほしい」とハッパをかけた（読売新聞２０１５年12月15日）。直前の11月22日の大阪府知事と市長のダブル選において、大維系の首長が圧勝したのをうけての発言だが、大阪での大維の勝利は、憲法改正を追求する勢力にとって、大きな励みとなった。2016年1月4日、松井一郎・大阪府知事も「参院選で堂々と憲法改正の発議の3分の2をめざす」（産経新聞）と表明した。

衆参ダブル選の検討

そしてもう1つの事実がある。それは、今年7月の参議院選挙を「衆参同日選挙」にする検討が積極的になされたことだ。2015年11月28日の自民党パーティーで、佐藤勉国対委員長が「来年はダブル選挙があるかもしれない」と打ち上げると、谷垣禎一自民党幹事長もこれを否定せず、参院自民党の伊達忠一幹事長は、歓迎さえするコメントを出した。

これをうけて『週刊ポスト』は12月18日号で「『衆参ダブル選』安倍&橋下圧勝で憲法改正へ！」という特集を組む。その翌週、『週刊現代』も12月26日号で追いかけ、「衆参W選挙／自民党なんと衆院323議席！／「おおさか維新」を吸収して…憲法改正へ」と巻頭特集をした。判断を控えていた朝日新聞も、今年1月1日、「衆参同日選も視野」と一面に打ち、同月9日、自民党の二階俊博総務会長は「政権幹部が同日選をしたいと思っていることは間違いない」と、ダブル選反対の立場から批判をした（毎日新聞、NHK）。2月6日には石破茂地方創生担当大臣や下村博文前文科大臣も、講演などで同日選への準備を呼びかけている。

衆参同日選が、与党に大きく有利に働くことは、これまで2回行なわれたケース（80年、86年）からはっきりしている。いずれも自民党が圧勝し、とくに86年には、衆院で300議席を獲得、参院も143議席となった。過去の議員定数は今より少し多く、単純比較はできない。しかし、当時は中選挙区、現在は小選挙区という与党有利の条件がその後加わっている。このため、「改憲」勢力が次の同日選で衆参ともに3分の2を超す可能性が出てきたのである。先の『週刊現代』の特集によると、同日選挙がもし今年行なわれるなら、「改憲」勢力は衆院で323人、参院で143人になるとしている。衆院では3分の2をゆうに26人も超えることになる。ただし、参院ではなお19人が不足する。そこで改憲勢力は、若干の手直しを余儀なくされている。

「加憲＋改憲」で「3分の2突破」へ

つまり、先の橋下発言にあったように、改憲は「自公とおおさか維新で」と、「公明」を加えた発言となっている。改憲には、まず公明も含めることとし、環境権や緊急事態条項の「加憲」から入り、予行演習として「おためし改憲」を行ない、憲法の改正に日本社会全体を慣れさせたうえで、次に「9条」に手を着ける計画である。この計画は、さまざまな改憲勢力からすでに広く打ち出されており、7月に衆参同日選が行なわれるなら、少なくとも「改憲＋加憲」の議員は参院でも163人、つまり3分の2を超え、今年夏に、憲法改正論議が早々と具体化する可能性が出てくる。そのために今は、むしろ反発がおこりかねない「改憲」論議は表立たせないほうがよい、という考えもある。

こうして安倍政権は、2015年末から今年1月末までは、反発が起こる危険性のある「改憲」を隠し、対立を避けて経済一辺倒に徹してきた。争点をぼかしたうえで、「改憲＋加憲」で3分の2を獲得することが先と、票を買収するに近い政策を次々と打ち出し続けてきた。住民税非課税の年金受給者1250万人を対象に選挙前に3万円を給付する件、消費税の軽減税率の対象品目を拡大した件などだ。そして、今年1月4日に、与党は通常国会を召集した。これは同日選が7月10日に可能となる国会日程なのである。

ただ今年に入って、原油安が引き金となり、景気は世界的に大きく減速してきた。また甘利明経済再生担当大臣の金銭受領問題により政権は大きな打撃を受け、国会審議は遅れ、同日選のシナリオが大きく狂い始めた。そんなとき、今年1月21日の参院決算委員会において安倍首相は、憲法改正について、「いよいよ、どの条項を改正すべきかという現実的な段階に移ってきた」と発言、さらに2月3日の衆院予算委員会で、9条2項の戦力不保持規定の改正に言及した。

この転換は、何なのだろうか？　これについて私は、憲法改正を自己の大きな政治目標としてきた安倍首相が、それに黄信号がともったとき、〝楽で安全な改憲への道などありえない〟と考え、むしろ頼りとする「一部勢力」との関係をいっそう強めることで困難を乗り越えて進む、厳しい道を進む決心を固めたように見えるのである。

そして、4月の熊本地震の大被害、同月24日の衆院補欠選挙の動向をみて「首相、衆参同日選見送り」（朝日新聞／4月25日）の見出しを打たれるまでになった。このまま同日選へ踏み切れば、衆院すら「与党3分の2」を失いかねない。ならば、今は参院選に全力を挙げ、両院で「加憲」改正を発議できる議席数を確保する方針が選択肢にのぼったと推測される。きたる参院選は憲法改正への、正念場となる。

本書は、こうした安倍政権とその「一部勢力」の関係を実態に即して紹介することにより、彼らの計画を可視化し、この社会を戦争する国へと動かそうとする勢力から、平和国家を維持し、守る一助にしたいと思う。

第1章◉改憲の推進勢力――日本会議の実態

「今こそ憲法改正を！ 1万人大会」

現在の政治の焦点は「憲法改正」であると、序章に書いた。では、その推進者は誰なのか？ 自民党全体でないことは、昨年11月に朝日新聞が行なった自民党員・党友へのアンケートからわかる。すなわち、自民党の半数以上が、改憲を「急ぐ必要はない」としたことから明らかだ（朝日新聞／2015年11月30日）。ただし、改憲を「早く実現した方がよい」とした回答も34％あったことが注目される。とすると、「改憲の推進勢力」の大半は、この自民党の3分の1を占める積極的改憲論者の中に隠れているると見てよいだろう。

「しかし、しょせん自民党の3分の1、いくら与党第一党とはいえ、その中の少数派！ そんな勢力は、政権から無視されるのでは？」

図 02　日本会議の組織

会員数	個人約35000人と神社本庁、霊友会、念法眞教、崇教真光、解脱会、黒住教、佛所護念会教団、新生佛教教団、オイスカインターナショナル、大和教団、倫理研究所、モラロジー研究所、日本青年協議会などの構成団体 ＊他に協同する組織として、英霊にこたえる会、日本青年会議所(JC)など
機関誌	『日本の息吹』
本部・支部数	47都道県本部　228支部
名誉会長	三好達（元最高裁判所長官）
会長	田久保忠衛（杏林大学名誉教授）
事務局	日本青年協議会（会長・椛島有三）
本部住所	〒153-0042 東京都目黒区青葉台3－10－1－601
HTML	http://www.nipponkaigi.org/
協力文化人	櫻井よしこ（ジャーナリスト）、八木秀次（麗澤大学教授）、屋山太郎（政治評論家）、中西輝政（京都大学名誉教授）、渡部昇一（上智大学名誉教授）、高橋史朗（明星大学教授）ほか

という声が上がるかもしれない。だが、そうはいかないのが政治の世界。とくにそれが宗教団体だと、やっかいである。その「やっかい」な姿を、読者の皆さんに具体的に知っていただきたい。

表紙の写真は、２０１５年11月10日、東京の武道館で開かれたその人たちの１万人集会の様子である。主催者は表向き「美しい日本の憲法をつくる国民の会」と称しているが、実態は宗教団体の連合体である「日本会議」なのだ。ただし、そこにどんな宗教団体が参加しているかは、すぐには分からなくしてある。参加する教団の看板や旗を掲げることを内部規制しているからである（上杉／２００３。以後、巻末「参考文献」参照）。ただ今回の集会では、神社本庁にのみ小旗の使用などを認めた。それは、まず神社が憲法改正の先頭を切り、運動の前面に出る計画であることを示している。現に、今年の初もうでには、全国各地の神社に、神社本庁の「憲法改正」を呼びかけるポスターと署名用紙がおかれた。

うごめく宗教組織

図02（12ページ）で日本会議の組織の概要と**図03**（14ページ）で現在の役員名簿を示した、四角で囲んだ肩書きをもつのが宗教系団体の責任者たちである。集会などへの動員は、その教団の信者がおもに招集される（上杉／2003）。その教団は、神社本庁、霊友会、念法眞教、崇教真光《すうきょうまひかり》、解脱会、黒住教、佛所護念会、新生仏教教団、オイスカ・インターナショナル、大和教団、倫理研究所、モラロジー研究所、日本青年協議会などである。遺族会や郷友連盟などの旧軍関係の団体も一部見えるが、今の彼らに動員力はほとんどなく、名誉幹部として名を連ねているだけである。

右の1万人集会を取材した菅野完《すがのたもつ》によると、「崇教真光」のバッジを着けている参加者が特にめだって多かったという。「崇教真光」といえば、手かざしで病気が治るとする教団としてよく知られている。バッジの人物にさりげなく動員数を尋ねると、「真光は今回3000人」と答えている（菅野／2015年、11月13日記事）。主催者側発表によると、この日の参加総数は約1万1000人という。3000という数字を信じるなら、全体の4分の1以上が「手かざしグループ」ということになる。

崇教真光の代表は岡田光央《こうおう》という。日本会議役員名簿にもその名は載っている。同教団の第3代の「教え主」とされ、1978年に世界真光文明教団から分かれて創立された（**図04**宗教団体の系譜）。飛騨高山に総本山はある。この宗教のもう1つの特徴に、天皇主義とナショナリズムの強いことが、塚田穂高『宗教と政治の転轍点』に詳しく紹介されている（塚田／2015）。教主の一存で動くこうした宗教団体が、その動員数（これは投票数にもなる）を誇らしげに語り、参加する姿がここには見える。

図03　日本会議役員名簿

2016(平成28)年2月20月現在・50音順
＊□は宗教系団体の役員

【名誉会長】
三好　達　元最高裁判所長官

【顧問】
石井　公一郎　ブリヂストンサイクル(株)元社長
北白川　道久　神社本庁統理
鷹司　尚武　神宮大宮司
服部　貞弘　神道政治連盟常任顧問

【会　長】
田久保　忠衛　杏林大学名誉教授

【副会長】
安西　愛子　声楽家
小田村　四郎　元拓殖大学総長
小堀　桂一郎　東京大学名誉教授
田中　恆清　神社本庁総長

【代表委員】
秋本　協徳　新生佛教教団最高顧問
石原　慎太郎　作家
板垣　正　元参議院議員
市川　晋松　元日本相撲協会相談役
伊藤　憲一　青山学院大学名誉教授
稲山　霊芳　念法眞教燈主
今林　賢郁　(公社)国民文化研究会理事長
入江　隆則　明治大学名誉教授
宇都宮　鐵彦　株式会社日華代表取締役会長
岡田　光央　崇教真光教え主
岡野　聖法　解脱会法主
小串　和夫　熱田神宮宮司
尾辻　秀久　日本遺族会会長
加瀬　英明　外交評論家
城内　康光　元ギリシャ大使
黒住　宗晴　黒住教教主
慶野　義雄　日本教師会会長
佐藤　和男　青山学院大学名誉教授
澁木　正幸　日本会議経済人同志会会長
志摩　篤　(公財)偕行社理事長
志摩　淑子　(株)朝日写真ニュース社会長
住母家　岩夫　NPO法人持続型環境実践研究会会長
関口　慶一　佛所護念会教団会長
千　玄室　茶道裏千家前家元
髙城　治延　神宮少宮司
武　覚超　比叡山延暦寺代表役員
竹本　忠雄　筑波大学名誉教授
長曽我部延昭　神道政治連盟会長
寺島　泰三　(社)日本郷友連盟会長、英霊にこたえる会会長
徳川　康久　靖國神社宮司
中島　精太郎　明治神宮宮司
中野　良子　オイスカ・インターナショナル総裁
長谷川三千子　埼玉大学名誉教授
廣池　幹堂　(公財)モラロジー研究所理事長
保積　秀胤　大和教団教主
松山　文彦　東京都神社庁庁長
丸山　敏秋　(社)倫理研究所理事長
村松　英子　女優・詩人
横倉　義武　日本医師会会長

【監事】
加瀬　英明　外交評論家
澁木　正幸　日本会議経済人同志会会長

【理事長】
男成　洋三　明治神宮崇敬会理事長

【常任理事】
伊藤哲夫　日本政策センター代表

【事務総長】
椛島　有三　日本協議会会長

【事務局長】
松村　俊明　日本会議常任理事

日本会議ホームページをもとに著者作成

日本会議の役員には、大学教授や財界人、文化人なども名を連ねるが、彼ら自身がその宗教団体に属していたり、そことの強い繋がりのなかで活動してきた人物たちである。彼らは、日本会議が宗教団体連合であることをカモフラージュする役割を担い、社会的権威づけのために各種呼びかけ文やイベントへ名前を出している。

写真1　安倍晋三自民党総裁がビデオ・メッセージした（2015.11.10）

安倍首相の改憲メッセージ

1万人集会でも、主催者を代表して櫻井よしこ（ジャーナリスト）が冒頭の挨拶に立った。その壇上右には国会議員89人を座らせている。つづいて会の責任者が、すでに31都府県（全体の3分の2）の議会が憲法改正への決議をあげたと報告し、中国による南シナ海への海洋進出に危機感を抱くベトナム外務省の元関係者や、アメリカ出身のタレント、ケント・ギルバートなどが次々と登壇した。

最大の注目を浴びたのが、安倍晋三自民党総裁が、ビデオ・メッセージ（**写真1**）で檄を飛ばしたことであろう。彼は、日本会議が組織する「日本会議国会議員懇談会」の特別顧問でもある。

「……21世紀にふさわしい憲法を追求する時期に来てい

図04　宗教団体の系譜

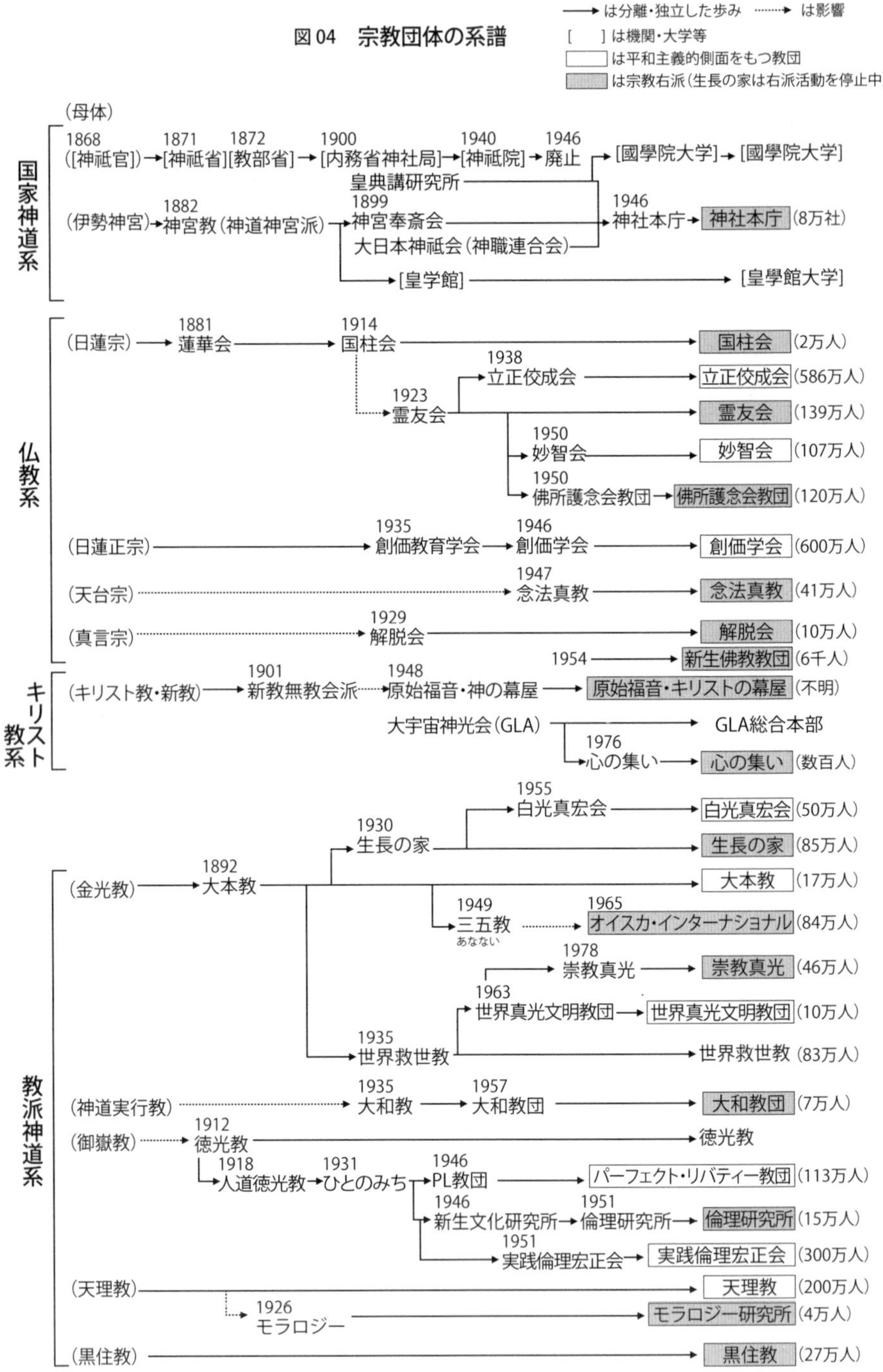
→は分離・独立した歩み　……→は影響
[　]は機関・大学等
□は平和主義的側面をもつ教団
■は宗教右派（生長の家は右派活動を停止中）
（母体）
国家神道系
1868（[神祇官]）→1871[神祇省]1872[教部省]→1900[内務省神社局]→1940[神祇院]→1946廃止
→[國學院大学]→[國學院大学]
皇典講研究所
（伊勢神宮）→1882神宮教（神道神宮派）→1899神宮奉斎会
大日本神祇会（神職連合会）
1946神社本庁→神社本庁（8万社）
→[皇学館]→[皇學館大学]
仏教系
（日蓮宗）→1881蓮華会→1914国柱会→国柱会（2万人）
1938立正佼成会→立正佼成会（586万人）
1923霊友会→霊友会（139万人）
1950妙智会→妙智会（107万人）
1950佛所護念会教団→佛所護念会教団（120万人）
（日蓮正宗）→1935創価教育学会→1946創価学会→創価学会（600万人）
（天台宗）……→1947念法真教→念法真教（41万人）
（真言宗）……→1929解脱会→解脱会（10万人）
1954→新生佛教教団（6千人）
キリスト教系
（キリスト教・新教）→1901新教無教会派……→1948原始福音・神の幕屋→原始福音・キリストの幕屋（不明）
大宇宙神光会（GLA）→GLA総合本部
1976心の集い→心の集い（数百人）
教派神道系
1955白光真宏会→白光真宏会（50万人）
1930生長の家→生長の家（85万人）
（金光教）→1892大本教→大本教（17万人）
1949三五教《あなない》……→1965オイスカ・インターナショナル（84万人）
1978崇教真光→崇教真光（46万人）
1963世界真光文明教団→世界真光文明教団（10万人）
1935世界救世教→世界救世教（83万人）
（神道実行教）……→1935大和教→1957大和教団→大和教団（7万人）
（御嶽教）……→1912徳光教→徳光教
1918人道徳光教→1931ひとのみち→1946PL教団→パーフェクト・リバティー教団（113万人）
1946新生文化研究所→1951倫理研究所→倫理研究所（15万人）
1951実践倫理宏正会→実践倫理宏正会（300万人）
（天理教）→天理教（200万人）
1926モラロジー→モラロジー研究所（4万人）
（黒住教）→黒住教（27万人）

ると思います……

第2次安倍政権で宿題とされていた**投票年齢の18歳への引き下げが実現し、憲法改正に向けて渡っていく橋は整備されたのであります。**そして今、憲法改正に向けた議論が始まっています。

……全国で憲法改正1千万賛同者の拡大運動を推進し……国民的議論を盛り上げていただいて……憲法改正に向けて、ともに着実に歩みを進めてまいりましょう」（ゴチックは引用者。以下同じ）

と訴えた。ここで、とくに投票年齢の18歳への引き下げが強調されていたことが印象的である。

安倍特別顧問のメッセージをうけ、同会の事務総長・打田文博が示した運動方針によると、すでに集まった445万人の署名を2016年3月末に1000万人へと増やし提出すること、国会議員の署名は現在、衆参合わせて422人であるが、さらに増やして提出すること、そして、「参院選前には、憲法審査会で審議を加速させ、改正点の絞り込みについて政党合意する」などであった。

参加した国会議員に対しては、集会の総意として憲法改正の「国会発議」を急ぐよう要請し、各党（自民・民主〈当時〉・次世代の党・大維）の代表へ、壇上で要請文を手渡した。そして百田尚樹が、憲法改正ドキュメントを作成中であり、近く上映運動が始まることなどを報告し、最後に全員が腰に手を当てて「ガンバロー」を唱えて終了した。この「左翼スタイル」は、さすがに会場から失笑を買っていた。

宗教団体を束ねる見えない核

彼ら「日本会議」があなどれないのは、すでに述べたように、秘密を保持するための内部への統制力や、大量動員する巨大宗教団体の存在である。そのなかで、会費を払って日本会議に参加する会員が約

3万5000人いるとされる（12ページの図02）。右翼勢力には、さまざまな傾向をもつ団体・個人があるが、そのなかで「最大の多数派」である。全国47都道府県すべてに本部があり、その下にある支部総数は228に及ぶ。そして連合組織にありがちな混乱や相互対立は、全体を統括する指導層によって完ぺきに近くコントロールされている。その指導層は、「生長の家」の旧学生グループ（日本青年協議会）が担ってきた（ただし「生長の家」教団本体は現在、日本会議から遠ざかっている）。

とくにこの指導層の全貌は、外部から容易にわからないよう、極めて厳格な秘密主義で覆われている。かつて彼らとともに「新しい歴史教科書をつくる会」を設立し、活動してきた元会長・西尾幹二は、自身のブログ（西尾幹二のインターネット日録、2006年4月23日）に、「日本青年協議会」の下部組織である「全日本学生文化会議」で活動した早瀬義彦の回想を載せている。当時、京都大学大学院で学んでいたという早瀬は、右の組織を離脱するまでの経過を次のように述べていた。

「私が入会して、1ヶ月ほどが経過したとき聞かされたのが、文化会議が伝統的に師として仰いできた4先生の教え、というものであった。それこそがまさに『三島（由紀夫）、小田村（寅二郎）、葦津（珍彦）、そして谷口（雅春、「生長の家」創始者）』の各氏であったのである。ここであまりに奇妙だったのはこの4先生なるものの『教え』を聞いたとき、このことはある程度以上の地位に就いているサークル幹部にしか教えてはならないものであり、他の誰にも口外してはならないと厳しく言われたことであった。（中略）かの4先生の名前とその教えが簡単に書かれたレジュメを渡され皆で『葦津先生、三島先生、小田村先生、谷口先生のご遺志を受け継ぎ、天皇国日本の再建を目指さん』と何度も復唱させられるのである。さらに心許してきた学生に対しては『今度、尊師（谷口雅春）のお墓に行こう』と誘い、またより組織に定着してきたと思われる学生には谷口雅春の主著である『生命の實相』を読むように薦められる。（中略）天皇信仰という思想（ドグマ）そのものも、元を辿っていけば谷口雅春への帰依に行き着くのである。彼らはまた『**いつ何時も天皇陛下が今何を考え、何を思ってらっしゃるかを考えて日々生きていけ**』と説き、それこそが天皇陛下の大御心に従った正しい生き方である、と説く」。

図 05「日本会議国会議員懇談会」（289 人）
のうち活動的なメンバー

特別顧問	安倍晋三（総理大臣）
会　　長	平沼赳夫（自民党）
副 会 長	古屋圭司（自民党北朝鮮による拉致問題対策）
幹 事 長	衛藤晟一（首相補佐官）
事務局長	萩生田光一（内閣官房副長官）
事務局次長	有村治子（前女性活躍担当大臣）
	菅　義偉（官房長官）
	高市早苗（総務大臣）
	下村博文（前文部科学大臣）
	山谷えり子（前拉致問題担当大臣）
	稲田朋美（自民党政調会長）
	松原　仁（民進党）

　私は、かつて西尾ブログを引用することでこの手記を紹介したが、今は西尾幹二が自著に改めて全文を掲載し（西尾・平田／２００９、２８２ページ以下）、さらに菅野完は早瀬本人へ直接インタビューし、彼らの精神性がよく分かる優れた記事にまとめている（菅野／２０１５年12月24〜26日）。

　こうした秘密めいた宗教組織が、日本最大の右派宗教団体「日本会議」を束ね、今は安倍政権のブレーンの一部として権力の中枢に巣くって政策決定に大きな影響力を持っている（**図05**「日本会議国会議員懇談会」のうち活動的なメンバー）。アメリカの右派政治家になぞらえて「日本版ネオコン」と呼ばれるこれら多数の国会議員の背後には、こうした宗教右翼とでも呼ぶべき存在がある。議員懇談会の会長である平沼の愛読書も『生命の實相』であり、いつも車の中にある（平沼赳夫のオフィシャルホームページ）という。日本のゆくえに不安がもたれる理由の1つには、こうした勢力の台頭がある。

日本会議はこれまで、政治的に多くの実績を挙げてきたことでも特筆される。1951年から1966年までの建国記念の日制定運動は、彼らの「前史」に位置するが、その流れのなかで日本会議は形成される。彼らの運動の出発となった元号法制化運動を1968年から1979年までかけて成功させ、その後、国旗国歌の法制化、教育基本法の改悪、女性（系）天皇制反対や夫婦別姓の阻止などに中心的な力を発揮しつづけてきた。

日本会議は、1997年に正式発足するが、憲法改正は、彼らが最も初期からめざし、最大の獲得目標としてきたものである。「安倍政権で改憲がなされないなら、以降もうチャンスはない」（塚田／2015）と腹をくくり、安倍政権にすべてをかけて今、闘いに臨んでいる。

第2章◉日本会議とはどんな組織か

現代世界の特徴と日本会議

これまで書いてきたような巨大な宗教組織が、この日本社会の裏側で「憲法を変えようとしていることに驚かれる方は多いと思う。ここまで読んでこられても、いまだに信じられない思いが残っていることと思う。そこで、「日本会議」の改憲運動を本格的に検討する前に、これがどんな経緯で成立した団体であり、どんな目的をもって活動をしている組織であるかを、大まかに説明しておきたい。

彼らは、第1章に書いたように、その核心部分を徹底して秘密にしており、その活動内容や目的も公にはしていない。機関誌『日本の息吹』を毎月発行し、ウェブ上にホームページも開設してはいるが、そこにはその時々の課題を、執筆者に依頼して書かせることが多く、表面的なことを書くばかりで、具体的なことには言及していない。

図06　日本会議による運動と課題別系列組織（日本会議の名前で行動する場合もある）

	運動目的	課題別系列組織
1　天皇崇拝と制度強化	建国記念の日等の奉祝、女性〈系〉天皇反対、天皇「元首」化	日本会議
2　憲法改正	9条の削減をはじめ明治憲法化、家族主義・緊急事態条項等新設	美しい日本の憲法をつくる国民の会、民間憲法臨調（「21世紀の日本と憲法」有識者懇談会）
3　歴史認識	皇国史観、東京裁判否定、アジア解放戦争、強制連行否定などの観点の普及	日本会議、日本教育再生機構（教科書改善の会）
4　教育	育鵬社・明成社教科書の作成・普及、道徳教育強化、教育制度の権力化	日本教育再生機構（教科書改善の会）
5　靖国神社	首相・天皇の公式参拝実現、無宗教の追悼施設建設と厳密な政教分離に反対	（英霊にこたえる会）、日本会議
6　人権	家制度の保護、夫婦別姓・外国人参政権・人権侵害救済法等反対、拉致被害者救出	日本女性の会、日本会議
7　領土	尖閣諸島防衛、竹島・北方領土の返還	日本会議
8　国防安保	安保法制実現、自衛隊の国防軍化、辺野古への基地移設推進	日本会議

＊他に、目的実現のための議員・首長組織として以下のものがある
――日本会議国会議員懇談会（会長・平沼赳夫、約290人）
――日本会議地方議員連盟（約1860人）
――教育再生首長会議（市区町村長 約90人）

さらに分かりにくくしているのは、課題別の組織を、運動目的に合わせその都度結成する手順を踏むことにより、それが日本会議の運動の一環であることを、社会的にも分からなくさせていることである（図06日本会議による運動と課題別系列組織参照）。これでは、いくつもの株式会社を支配する持ち株会社のようなもので、多くの人はその外形で目くらましされ、真の姿を見失ってしまう。

したがってその実態は、「調査・研究」することによってしかわからない仕組みなのだ。人は、機関誌やホームページがあることにより安心するが、一度きちんと読んでみれば、肝心なことがそこにまったく書かれていないことに気づく。彼らの実像を知ろうとするなら、それらを丹念に読み込むだけでなく、具体的な彼らの行動を追い、他の情報と総合することによってしか判明しない。例えるなら「怪人二十面相」と「ステルス機」を

合わせたような存在なのだ。

「日本会議」について私が研究を始めたときの苦労は、最初の論文（上杉／２００３）を読んでいただければ、分かっていただけるだろう。山となった藁ゴミの中から、彼らの姿の断片を一つひとつ見つけ出し、組み合わせて形にする過程だった。当時は、彼らの存在そのものすら、信じてもらえそうになかった。

それは詰まるところ、当時、信頼できる研究の蓄積がほとんどなかったということだ。堀幸雄の『戦後の右翼勢力』（堀／１９８３）のなかの「第7章　最近の右傾化と右翼の戦略」などの章で、戦後しだいに「右翼の新しい運動方法」が登場してきたこと、そうした潮流の「主役」が「生長の家」であることなどを指摘している。しかし、堀の分析は、１９８０年代初頭で終わっていた。日本会議の動きが本格化するのは、その直後からである。

私が最初の論文を書いたときは、孤立感にさいなまれる状況だったが、直後にケネス・ルオフが『国民の天皇』（ルオフ／２００３）を日本語翻訳版で発表し、「第5章　天皇制文化の復活と民族派の運動」の章で、その歴史的分析を本格的に試みてくれた。これにより、研究の状況に少し変化が訪れた。同書は、２００４年に大佛次郎論壇賞を受け、とくに第5章は「注目すべき」（朝日新聞／２００４年12月15日の同賞の紹介記事より）と、高く評された。

ルオフは、アメリカのキリスト教原理主義と日本における宗教右派の新たな台頭を比較し、「米国の最右派団体、キリスト教連盟と同じよう……このような団体の政治的影響力を無視すると、日本の政治について誤った構図を描くことになる」と指摘した。すなわち、アメリカでブッシュ政権当時、重要な政策にかかわったネオコンと呼ばれる政治家たちと、それを支えたキリスト教原理主義者など宗教右派（その後、ティーパーティーなどへとつながる）の重要性と対比し、日本における「神社本庁」や「生長の家」などがもつ政治的位置の大きさを強調したのだった。さらに、その手法として、大衆を組織する方法をとっていることへも注意を喚起した。彼らは左翼運動から「草の根運動のテクニックを取り入れ」、現在、すでに日本の『市民社会』の一部を構成し」ている動かしがたい現実に、注目するよう促したのだった。

さらに付言するなら、こうした宗教勢力の台頭という様相は、アメリカや日本にとどまらない。中近東のイスラム原理主義運動などにもおよぶ世界的な動向の一環として見るべきであろう。そして、その歴史的淵源は、いずれの場合もかなり古く、戦前からの連続性をもつ場合が多い。

ルオフは、日本での彼らの出発を、１９５１年から始まり66年までつづく建国記念の日制定運動にまでさかのぼらせ、ついで１９６８年から79年までの元号法制化運動を詳細に分析することで、のちに「日本会議」という名称をもつ前の、新たな右派運動の危険性とその構造を明らかにしたのだった。

日本会議について本格的な調査・研究の始まり

ルオフの研究が示した重要な点は、彼らの運動の出自と基盤の1つに神社本庁（加盟約8万社）があることだ。元号法制化運動のさなかの１９６９年には、神社本庁の政治局として、「神道政治連盟」が結成され、地方議会や国会において、保守派議員との関係を緊密にしていった。

「日本会議」が正式に発足するのは、そのずっとあと、１９９７年のことになるが、そこへ至る政治家との関係作りや運動の基盤となる資金や人脈、共闘関係の調整、会議場の確保などの基礎的部分を、神社本庁が提供してきた。このことが日本会議の裾野拡大の原動力になったことは押さえておく必要がある。

神社本庁の政治的立場は、当時、憲法20条（政教分離）の廃止、皇室崇敬の強化などであった。この政治的主張により、彼らが神道を国教としていた戦前の体制において利益を得てきた勢力であること、そして、かつての権益や体制へ郷愁をもち、あわよくばその回復を望む勢力であることが、よく表れている。また、天皇制への著しい親和性をもつ人々である特徴も浮かび上がる。この「戦前への親和性」と「天皇主義」こそ、のちの「日本会議」に結集する宗教団体や個人の全体的な共通項となっていく。

元号法制化運動のさなか、1970年代になると、「生長の家」の元学生グループがここへ流れ込み、大きな力を発揮しはじめると、運動に変化が生まれた。彼らは「日本青年協議会」（日青協）を名乗り、生み出した新しい手法は、各地へキャラバン隊の派遣を繰り返すことで横の繋がりを強化することであり、それを通して地方議会の決議などを促し、運動の節目に、全国結集して中央への政治的圧力を加える方法をとったことである。

元号法が成立する1979年までに日青教は、地方議会の法制化推進の議会決議を、46都道府県と1600以上の市町村（当時の半数以上）であげさせるまでの力をつける。こうして、大衆的広がりへの工夫と努力をはかりつつ、中央で保守政党への積極的なロビー活動を定式化させていった。広範な諸勢力を巻き込んだこの「元号法での成功体験」により、裾野としてあった神社本庁を中心とした宗教団体の上に新たに様々な右派勢力を結集させ、日本青年協議会を核（指導層）とする組織と運動体が形成されていった。神社本庁と神道政治連盟から出発し、新しい右派組織へと急成長させた「日本青年協議会」の姿に注目する必要がある。これこそが「日本会議」の芽ばえであった。

ルオフは、この過程を『国民の天皇』の第5章であざやかに活写したが、彼の指摘で注目すべき点は、日本における左派の当初の対応が、議会での技術的、権威主義的な対応に限られ、その場しのぎの封じ込め努力にとどまってきたことである。つまり、右派の要求する議会決議に対し、議会の慣例を持ち出すなどして小手先の手法で潰《つぶ》しはしたが、正面から彼らの主張に対抗する大衆運動を組織することはなかったのである。

たしかに、一部の文化人や市民が、建国記念の日の制定や元号の法制化の動きに対抗してきた。最近では育鵬社教科書に反対する行動も広がってはいるが、それは右派が持つ大衆性の規模にはるかに及ばない。多くの場合、左派はかなりの間、こうした右派を、単なる反動と決めつけて無視するか、その正確な思想や組織、また活動パターンを研究・分析しようとせず、結果としてその対応は場当たり的なもので、右派の実際の動向とすれ違ってきた。

しかし、最近は格段の変化が起こり始めている。その変化とは、まず研究の面から始まっている。2015年1年だけで日本会議に関して10点近くの調査や研究の発表がなされた。本格的な学術研究が始まったことも大きい（巻末の参考文献参照）。それは、この問題の重大さに、平和を求める様々な潮流が大きな関心を向け始めた結果でもある。この変化を、より大きな成果として結実させたいと思う。

本章では、堀やルオフの分析は「日本会議」が始動する前の1980年代初頭で終わっているが、その後を描くとともに、「新しい歴史教科書をつくる会」の登場と結びついて「日本会議」が正式に結成される1997年までを述べ、さらに現在までを可能なかぎり明らかにしていきたい。その際、雑誌『世界』で2006年11月から連載された魚住昭「聞き書き　村上正邦　日本政治右派の底流」（後に単行本、魚住／2007としてまとめられた）には、宗教勢力内部からの興味深い経過が書かれていて、過去にとどまらない今後への見通しに、たいへん参考となるインスピレーションを与えられたことを記しておく。村上正邦は、「生長の家政治連合」出身で、参議院のドンと言われた大物政治家だったが、KSD事件で失脚している。

日本会議発足までの前史

元号法制化運動が山場を迎えようとしていた1974年4月、宗教右派の総結集にむけて「日本を守る会」が結成された。これは、一般にほとんど知られることのない団体だが、現在の「日本会議」へ直結する組織的な母体となった。同会に属する教団として、神社本庁、生長の家、佛所護念会教団、念法眞教、モラロジー研究所などがあり、これに臨済宗円覚寺派、曹洞宗、日蓮宗などの管長や明治神宮の宮司などが名を連ね、事務局を明治神宮会館に置いた。構成員を宗教者と文化人に絞ったのがこの組織の特徴であり、政治家や経済界からの参加を、「いろんな思惑や利害が絡んでくる」（魚住／2007）から、という理由で断った。

「日本を守る会」が最初に取り組むのが、天皇在位50年の奉祝行事であった。76年11月に新橋と上野の2カ所から出発し、皇居前広場まで、提灯《ちょうちん》をもつなどした約2万人が埋め尽くした。この動員の主力が、右の宗教集団の信者たちだった。戦後一貫して西暦の使用が増え続けるなか、昭和天皇が亡くなれば元号もなくなるのでは、という危機感をよりどころにした運動だったが、左翼からの攻撃を恐れながら参加した多くの人たちが、宗教右派による「国民運動」の可能性を初めて確信する重大な契機となった。

この「日本を守る会」事務局に人材を提供したのが、「生長の家」青年部の組織した「日本青年協議会」であった。彼らは70年安保へと向かう左派学生運動に対抗し「新右翼」として登場し、各地の学園封鎖を解除する活動を展開してきた。こうした実践行動を通じて、逆に左派の民主主義的な手法も学んでいた。

当時の青年協議会の委員長が、後に２００５年の郵政民営化法案に反対し自民党から離党勧告処分を受け、その後、安倍晋三の肝いりで復党を果した衛藤晟一《えとうせいいち》である。衛藤は、安倍より7歳年上で、安倍が１９９３年に国会議員になった新人議員時代から、「お友達」の先輩格として、安倍と日本会議を結ぶ最も太いパイプ役となってきた。現在は、３００人近い国会議員を擁する日本会議国会議員懇談会の幹事長でもある。

日本会議のロビイストの総元締めであるといわれ、安倍の政策ブレーンとして活動してきたのが伊藤哲夫（14ページ、日本会議常任理事）だが、彼も衛藤と活動を共にした青年協議会の政策部長だった。衛藤が伊藤を安倍と結びつけたといわれている。

衛藤は、学生時代には大分大学で「学園正常化」に成果をあげるが、当時の右派学生運動のなかでさらに有名だったのが、青年協議会書記長の椛島《かばしま》有三だった。

椛島は、幼年時代を生長の家の信者として育ち、１９６５年に長崎大学に入学、学園封鎖を解除するため、生長の家の信者を集めて「長崎大学学生協議会」をつくり成功させる。この長崎大の成功例が、彼を右派学生運動のヒーローとして注目させることになり、「学協方式」として「新右翼」学生運動の１つの流れとなった。現在、彼は日本会議における事務総長、すなわち実質的なトップに立っている。

「新右翼」学生運動は「生長の家」のネットワークと結びつき、九州全体へ、さらに全国へと拡大していった。憲法問題の右派イデオローグとしていま日本会議を代表している百地章も、衛藤や伊藤、椛島が青年協議会で活動していた時代、静岡大学から京都大学大学院修士課程に在籍していた。また東京の早稲田大学には、教科書や歴史認識問題で日本会議の中心的活動家となる高橋史朗や宮崎正治などが当時いた。

宗教右翼の素顔

椛島は、70年に大学を中退し、「日本青年協議会」（日青協）の会長となり、「日本会議」結成の中心となっていく。一見してヤサ男であり、近しい者は能吏とも言うが、激しい気質を隠している。当時、彼らは対抗していた左派学生運動が衰退していくなか、敵を失い、内部対立を深めていった（堀／１９８３、第２章）。そして肝心の母体である「生長の家」本部と対立することにもなる。生長の家は、そのころまで全般的に右派政治運動の中心を担ってきたが、学生運動のみならず、議会などを相手とした社会運動からもやがて完全に手を引き、今はむしろリベラルな宗派としてエコロジー活動などを行なっている。その理由はいろいろあるが、この日青協の存在も挙げられる。

「新右翼」武闘派として出発した日青協の性格がよく表れているのが、１９７４年に結成された「反憲法学生委員会全国連合」（反憲学連、宮崎正治委員長）であった。生長の家教団と対立した彼らは、学生運動の中で孤立を深め、過激化していった。１９８０年に日本大学文理学部で約１００人の「反憲学連」と約２００人の左派学生が鉄パイプで対立する局面に立ち至ったとき、「仲間を守るためには相手を殺傷することもやむなし」と、「反憲学連」は日本刀で武装した特殊部隊を登場させたことで知られている。幸い血の雨は降らず、事前にことなきを得た。

当時30歳を超そうとしていた彼らは、もういっぽうで「生長の家」つながりで、当時参議院議員だった村上正邦に引き込まれ、「日本を守る会」の事務局にポストを与えられ、大衆運動を率いることになった。左派運動から学んだ手法で元号法制化への地方議会決議運動を発案し、78年から各地にキャラバン隊を送り、１６００以上の議会決議をあげ、79年には元号法そのものを成立させていく経過は先に紹介した。

この余波をかって、１９８１年に結成したのが「日本を守る国民会議」であった。元号法制化運動のなかで築いた共闘関係をもとに、獲得目標を元号から憲法の改正へと重点を移し、構成団体に宗教者以外の旧軍人組織なども多数加えたことに特色がある。当時、議長を元国連大使の加瀬俊一が、後に黛敏郎が務めた同会の存在は、広く知られることになった。この事務局も「日本を守る会」と同じように日本青年協議会が担った。

日青協の活動家のこうした大衆運動家としての側面を信じて宗教運動に引き入れたのが、村上正邦だったが、彼らの素顔に直面させられることがあった。１９９５年の「戦後50年決議」をめぐり、アジアへの謝罪に反対していた椛島たち約50人は、参院を取り仕切る村上の国会内の参議院幹事長室へ押しかけ、応接間を占拠し、村上がペテンにかけたと、「なかには私のネクタイをひっつかまえて怒鳴る者もいて、参院幹事長室は大騒ぎになった。とにかく目の血走った連中が『絶対阻止』を叫んで大勢押しかけて来ているわけです」（魚住／２００７）と、村上は述懐している。

この大立ち回りで、村上は参議院では「戦後50年決議」をしないことを約束させられた。その後、村上と椛島たちは国旗・国家法案の成立まで共に進むことになるが、大衆運動家の陰に隠れている彼らの素顔を垣間見た瞬間であった。なお、椛島は２００５年に「日本青年協議会」を形式的に立ち上げ、今、その会長を名乗っている。

教科書問題などでのつまずき

日青協は、１９８０年の戦後初の衆参同日選挙で自民党が圧勝したことを受け、自衛隊法の改正を実現することを突破口に、83年に再び衆参同日選挙を行ない、国会における改憲勢力を3分の２へと増やし、憲法の改正を実現する、という展望をうち出した。しかし、当時の政治状況はまだ保革均衡する55年体制の中にあり、いずれの運動も大きく進展することはなかった。

そうした矢先に起こったのが、82年の教科書問題であった。教育行政への自民党の圧力がその前から強められ、「侵略」を「進出」へと書き改めさせる検定などが進んでいた。それをマスコミが報じると、中国・韓国から日本政府は強い抗議を受け、ついに検定基準に近隣諸国条項を加えさせられた。近隣諸国条項は、日本の教科用図書の検定基準に「近隣のアジア諸国との間の近現代の歴史的事象の扱いに国際理解と国際協調の見地から必要な配慮がされていること」というものだった。彼らは、これに対抗し、自らの考えを打ち出す教科書を出版する準備を始めた。そして、85年に高校教科書『新編日本史』（原書房）を検定申請した。その内容は、「生長の家」の思想的バックボーンとなってきた皇国史観をつづったものであるため、多数の修正・改善意見をつけられ、検定を通過してからも韓国・中国からの強い批判の前に、改めて再修正を余儀なくされる「屈辱」を受けた。

また、靖国神社についても、それまでの国家護持方針が挫折すると、新しく公式参拝運動が始まり、日本遺族会や軍人恩給連盟（軍恩連）など旧軍関係団体がそこへ総結集し、さらに「神社本庁」や「生長の家」も加わりこれを推進していった。しかし、中曽根康弘首相が1985年8月15日、いったん公式参拝を実施したものの、同神社がA級戦犯を合祀していることが明るみに出て、中国・韓国からの激しい抗議へと発展し、それからは首相の公式参拝も困難を抱えてしまう。

さらに1990年代に入ると、「慰安婦」問題を先頭に、アジアの戦後処理問題が未解決であることが内外で表面化した。1993年には細川護熙を首班とする連立内閣が成立し、細川は先の戦争について「侵略戦争であった、間違った戦争であったと認識している」と明言、これにより侵略戦争の責任者を祀る靖国神社への公式参拝も、また天皇制を中軸とした教科書への「改善」運動も逆風を受けることになった。戦争への反省が日本社会の基調となる限り、彼らの憲法「改正」もまたありえない。

1995年には、「戦後50年国会決議」がなされた際、「侵略戦争、間違った戦争」は「植民地支配や侵略的行為」という表現へと弱められたし、参院では先に述べたような経過から決議もされなかったが、8月15日に村山談話が出され、わが国は「国策を誤り、戦争への道を歩んで国民を存亡の危機に陥れ、植民地支配と侵略によって、多くの国々、とりわけアジア諸国の人々に対して多大の損害と苦痛を与え」たことに「痛切な反省」と「心からのお詫び」を表明するにいたる。

そして1996年には、法務省の法制審議会が「別姓は時代の流れ」として、選択的夫婦別姓を盛り込んで民法の一部を改正する法律案要綱を答申し、夫婦関係にとどまらず、日本的「家」制度の改変にまで踏み込もうとしていた。在日朝鮮人を中心とする地方参政権運動も、1995年の最高裁による「定住外国人に地方参政権を付与することは、憲法上禁止されていない」という判決により、勢いをもって広がりつつあった。いっぽう、右派が悲願としてきた北方領土の返還は、1993年以降、ほとんど動かなくなっていた。

1989年の冷戦体制の崩壊を受けて、アジアにおける新たな国際関係の形成が進みつつあり、国内的にも社会的、構造的な変化が起こりつつあった。こうした動向に対応することは、「日本を守る国民会議」のそれまでの思考の枠組みを超えるものだった。

右派の老齢化と日本会議の結成

新たな対応が必要であると、右派運動の担い手たちが感じた変化にもう1つあった。たとえば靖国参拝を推進する運動の中心を担ってきた旧軍関係の団体（戦友会、傷痍軍人会、軍恩連、偕行社、水交社など）、また遺族を組織してきた日本遺族会も、めっきり老齢化し、動員力が極端に低下してきた。とくに日本遺族会は、1995年の段階で、運動の中心となってきた婦人部の平均年齢が、すでに76歳になっていた。国会はおろか、地方議会への動員、選挙への協力なども困難を抱えていた。過去十数年にわたり、会員規模を「百万世帯」と対外的に誇った遺族会だが、「組織の末端を見る限り、実勢力はその3分の1から4分の1」(『AERA』1995年10月30日号)と周りから見られる状況になっていた。

こうした組織力の衰退は、参議院選挙における日本遺族会の組織内候補の名簿順位をしだいに下げていく。1989年に尾辻秀久(元日本遺族会会長・厚生労働大臣)は10位、1992年に板垣正(元日本遺族会顧問)が15位へと落ちた。尾辻を1995年に再び第6位へと順位を上昇させたのは、「佛所護念会教団」(120万人)という新興宗教が組織票を新たに投じることを約束したからであった。

世代交代の波が彼らへ押し寄せていた。こうしたなか力を回復させる援軍となったのが、右の「佛所護念会」のほか、「霊友会」(139万人)、「念法眞教」(41万人)、「崇教真光」(46万人)、「倫理研究所」(15万人)、「モラロジー研究所」(4万人)など右派政治活動に積極的な宗教勢力だった。

こうした様々な国内外の変化に対応すべく、組織的に再編成した結果として生まれたのが「日本会議」(1997年5月結成)なのである。

世代交代の中核となった宗教組織は、その年まで「日本を守る会」を名乗っていたが、衰弱著しい「日本を守る国民会議」と統合することを決める。その直前、「日本を守る国民会議」も第14回総会を開き、「日本を守る会」との組織統合の方針を満場一致で決めた。その席で黛敏郎議長は、「教科書問題、領土問題、夫婦別姓問題、国籍条項の問題等、現在生起してきている問題は、我々が国民会議を結成した頃には予想もしなかったこと。日本は戦後第2の危機を迎えている」(日青協『祖国と青年』1997年4月号)と、新組織の必要性を訴えた。

ふたたび教科書問題で蹉跌《さてつ》

この1997年は、「新しい歴史教科書をつくる会」が発足（1月30日）した年でもあった。同会は、自分たちの前に立ちはだかった最大の課題、つまり第2次世界大戦をめぐる歴史認識について、とくに「慰安婦」問題を突破口として「記憶の内戦」を仕掛けていた。ここでも広範な国民運動のすそ野をつくる手法が採用され、中間的な人々を多数巻き込み、きわめて多様な構成員が参加していた。追いかけるように結成された「日本会議」は、「つくる会」の陰で、その足腰を支える役割に徹するしかなかった。

多様な構成員を擁した「つくる会」は、困難に直面するごとに分裂を繰り返した。最初の教科書採択があった年の翌2002年に小林よしのりと西部邁《すすむ》が離脱したこともその1つである。さらに2006年7月に今度は日本会議が〝藤岡信勝派〟と対立して〝八木秀次派〟を立ち上げて「つくる会」を分裂させる。その対立による結果として、彼らの精神的バックボーンがカルトにあるとの内部証言（18ページ参照）を暴露されるなど、裏にあった日本会議の姿を露わにしてしまった。

これらにより、彼らは大きな打撃を受ける。だが、北朝鮮による拉致事件が2002年の小泉純一郎首相の訪朝で公認されて以来、日本会議を追及する運動体も大きな被害を受け、弱体化していった。日本会議はそれを幸いとして、教科書問題とは違うところで大きな得点を重ねていった。

それは、教育基本法の改定、靖国公式参拝の実現、「ジェンダー・フリー」批判、夫婦別姓反対などの新しく広範な右派運動を積極的に進めていったことによるものだった。そして、小泉内閣が皇室典範を改正し女系天皇を認めようとしたことに対し、06年には武道館で「皇室の伝統を守る1万人集会」を開き、安倍晋三内閣官房長官（当時）が政権内部からこれに応えて、阻止に成功する（上杉／2008）。

ところで安倍は、現在、日本会議国会議員懇談会の特別顧問となっているが、安倍自身に宗教的な背景があるわけではない。1982年に父・晋太郎の外務大臣時代に秘書となったとき、かつて家庭教師だった平沢勝英議員を通じて拉致問題の被害者の活動へと接近し、1993年に山口旧1区で初当選してからは、議員活動の当初から西部邁などの思想的影響を受けるとともに、衛藤晟一との交友を深め、1996年には衛藤と栗本慎一郎の3人で『「保守革命」宣言』(現代書林)を出版している。

安倍の精神的背景には、日本会議が全体として共通項としている戦前の体制への親和性があり、これは旧満州国の官僚、東条内閣の閣僚であった祖父・岸信介から受け継いだものということができる。憲法改正についても、祖父の政治主張を継承し学生時代から9条改正を語っていたという(安倍と岸との心理的、思想的な強い繋がりについては野上忠興『安倍晋三　沈黙の仮面』小学館、2015が詳しい)。

その安倍が小泉に代わって首相となり、第1次安倍政権(2006年9月~07年9月)が成立する。この時期に日本会議の挙げた最大の成果が、教育基本法の改悪を実現したことだろう。日本国憲法の1カ月前に施行されたこの法を改定しえたことは、憲法改正に向けた彼らの大きな自信となった。だが、安倍政権は1年の短命で倒れ、2009年には民主党政権へと移っていく。そうした政治状態下で、右派の運動は、ほとんど何の成果も得ることができず、再度の政権交代を待つしかなかった。

安倍第2次政権が2012年末に成立すると、彼らは翌年から憲法改正への動きを始めている。彼らの機関誌『日本の息吹』には、櫻井よしこや衛藤晟一による呼びかけの文章が躍り始める。安倍総裁のもとで自民党はこれに呼応し、国民投票法の改正(投票権年齢の18歳への引き下げなど)への動きを始めた。そして2016年夏の参院選を同日選挙にするのみならず、首都直下型地震にそなえ「憲法に緊急事態条項を加憲」する案を、２０１４年、第2次安倍政権成立の2年後にはもう浮上させている。

しかし、正面からの憲法改正がいったん頓挫し、安倍政権は、集団的自衛権の行使を基礎に安保法制を実現する方向へと進む。２０１５年に同法制の成立が難産したことにより、改めて憲法改正へとアクセルを踏むことになる。安倍もこれに応え、２０１５年11月10日、前述した「今こそ憲法改正を！1万人大会」で、すでに「渡っていく橋は整備された」という、メッセージを送った。

だが、その後、２０１６年に入って原油の値下げにともなう世界的な不況を受け、アベノミクスは陰りをみせている。政権中枢の不祥事も重なり、その安定性に変化が生じている。野党の攻勢も含めて、憲法改正が本当に成功するかは、彼らと私たちのこれからの動きが決めることになる。

第3章◉押しつけ憲法論と憲法第9条の真実

改憲の論理と方法――「押しつけ」で世論は動くか？

彼らは、いったいどのような論理と方法で、改憲を実現しようとしているのだろうか？

第1章で紹介した1万人集会の会場となった武道館で参加者全員へ配布した巨大チラシがある。タテ545ミリ×ヨコ405ミリの大きさだ（表裏カラー）。これを近所や職場、街頭などへ1000万枚、配布する計画という。日本会議の会員が一部20円で購入し、配布することを呼びかけている。このチラシは、読者の周囲へも、すでに届けられているかもしれない。そのトップに掲げられているのが、**図07**「日本国憲法」誕生の秘密をご存知ですか？ と問いかける部分だ。

「アメリカが作成し、日本に押しつけたもの……アメリカ側は、これを受け入れなければ天皇の身体の保証はできないと日本に伝えました」とあり、「押しつけ憲法論」を強く主張している。この〝論〟

は、戦後長く唱えられてきたが、今は「神話」と見なしてもよいしろものである。さらにチラシは「戦後、主要国で憲法改正していない国はありません！」と、日本だけ戦後の改正回数が「0回」と赤字で強調している。憲法は改正するのが当たり前だし、それが世界の「主要国」入りの条件といわんばかりである。

彼らはこのチラシを使い、「憲法おしゃべりカフェ」などのミニ集会を開いている。それを基礎に、改めて署名集めや街頭宣伝（時にはキャラバン隊）、さらに議員を説得して陳情・請願を上げ、地方議会決議を広範に獲得しながら中央の国会へ圧力をかけていく戦略をとっている。これは、日本会議がこれまで最も得意としてきた手法である。だが、この「押しつけ憲法論」が、今後どの程度、日本社会を席巻できるだろうか？

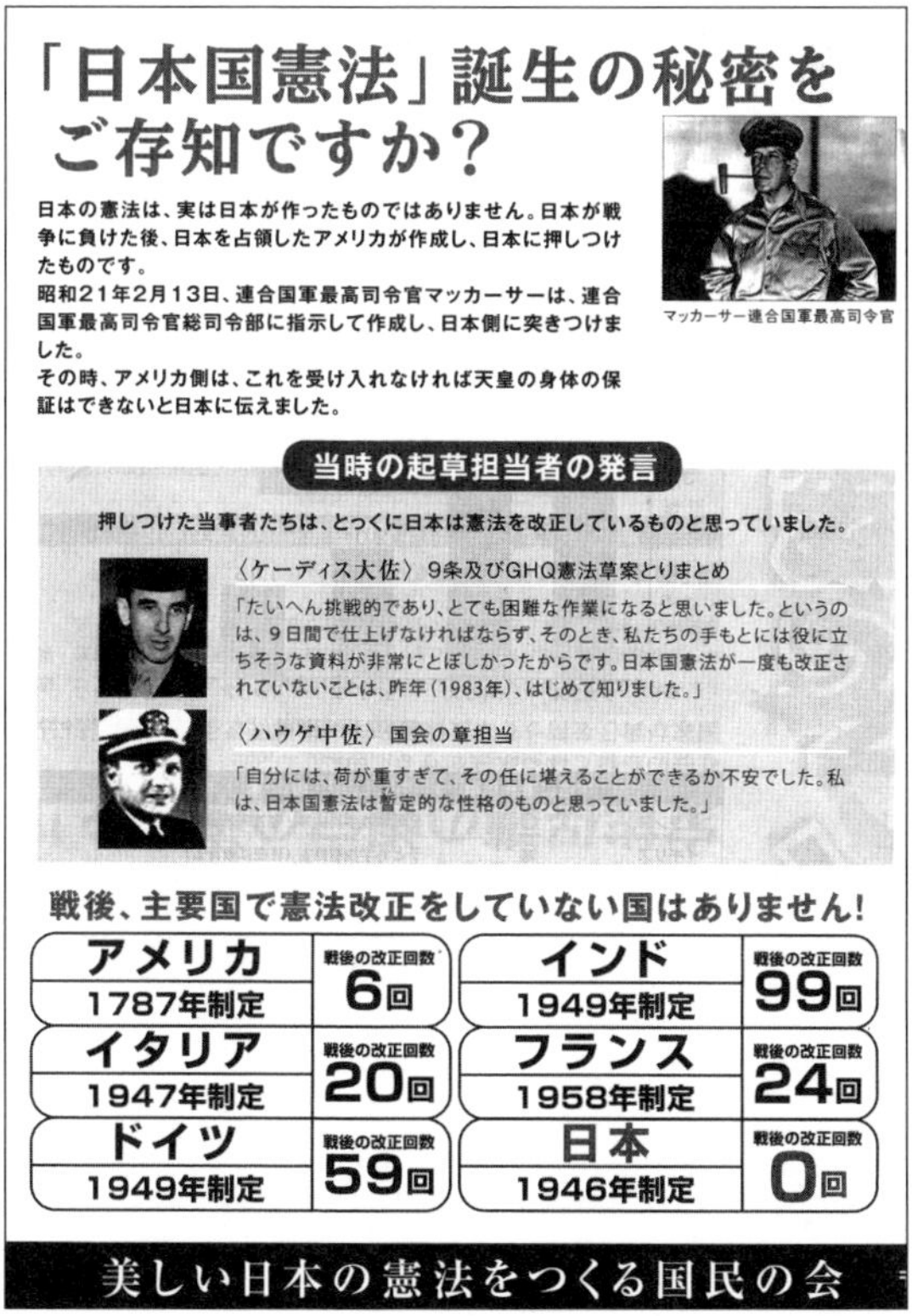

「日本国憲法」誕生の秘密をご存知ですか？
日本の憲法は、実は日本が作ったものではありません。日本が戦争に負けた後、日本を占領したアメリカが作成し、日本に押しつけたものです。
昭和21年2月13日、連合国軍最高司令官マッカーサーは、連合国軍最高司令官総司令部に指示して作成し、日本側に突きつけました。
その時、アメリカ側は、これを受け入れなければ天皇の身体の保証はできないと日本に伝えました。
マッカーサー連合国軍最高司令官
当時の起草担当者の発言
押しつけた当事者たちは、とっくに日本は憲法を改正しているものと思っていました。
〈ケーディス大佐〉 9条及びGHQ憲法草案とりまとめ
「たいへん挑戦的であり、とても困難な作業になると思いました。というのは、9日間で仕上げなければならず、そのとき、私たちの手もとには役に立ちそうな資料が非常にとぼしかったからです。日本国憲法が一度も改正されていないことは、昨年（1983年）、はじめて知りました。」
〈ハウゲ中佐〉 国会の章担当
「自分には、荷が重すぎて、その任に堪えることができるか不安でした。私は、日本国憲法は暫定的な性格のものと思っていました。」
戦後、主要国で憲法改正をしていない国はありません！
アメリカ 1787年制定 戦後の改正回数 6回
インド 1949年制定 戦後の改正回数 99回
イタリア 1947年制定 戦後の改正回数 20回
フランス 1958年制定 戦後の改正回数 24回
ドイツ 1949年制定 戦後の改正回数 59回
日本 1946年制定 戦後の改正回数 0回
美しい日本の憲法をつくる国民の会

図07　日本会議のチラシより部分（原カラー）

宗教者と「カルト」

日本会議について、私は「あなどれ

ない」巨大組織と書いた。だが、日本会議にはいくつも弱点と欠点がある。その第1が、世間知らず、あるいは社会の現実を知ろうとしない傾向であり、もう1つが自分で考えようとしない他律的な傾向があること。とくにこの2つの特徴をあわせ持つ宗教独自の傾きを私は「カルト」と定義したい。

現実世界の複雑さ、またその重さを認識し、それへの配慮をすることが苦手で、できれば無視したい、教主や超越的存在との間にある宗教的な世界をただちに実現したい、あるいは理想の宗教世界や超越者を顕現させ、また自分の宗教的直感と気分をこの世界に実現したい、などとするカルト的傾向は、すべての宗教者に多かれ少なかれあるといってよい。だが、冷静に考えてみれば、これは悪しき傾向、宗教者の弱点へとつながるのである。そうした傾向を自覚する宗教者は、自己を点検し、客観視し、自らの傾きが過度にならないよう抑制する。

近代社会に成立した政教分離や、宗教と科学を別領域とする原則は、もちろん最初は政治や科学の側から宗教への抗議や要請として始まったものだが、またいっぽうで、そうした宗教者側の自己規制と克服への努力の結果でもあった。この日本でも、戦前「神国日本」と自認してきた「皇国史観」を、戦後は公教育から追放し、歴史教科書から神話をいったん消し去り、政教分離も徹底した。これは、直接にはアメリカなど占領国を中心とした力によるものだが、国家神道となった一部の宗教がかつて特権をもち、それ以外の宗教を厳しく弾圧してきたことへの反省も、国内に広くあった。

だが、こうした過去への反省を忘れ、むしろ懐かしがる勢力が彼らである。さらに、なかには宗教と現実世界を区別する思考それ自体が頭のどこにも存在せず、自らの「欠点」——もちろんそれは、宗教のもつ「長所」と表裏の関係にあるとはいえ——が、自己に内在することを自覚せず、「天然」に振る

図08　「日米合作」憲法の誕生

1946(昭21)年

マッカーサー

マッカーサー司令官
「その通りだ。天皇を残すにはその方法しかない」

1月24日 会議

幣原首相
「戦争を世界中がしなくなるには戦争放棄が必要」

幣原喜重郎内閣
(1945.10.9〜46.4.22)

幣原喜重郎

「3原則」

ホイットニー

ケーディス

2月3日〈起草作業〉2月10日

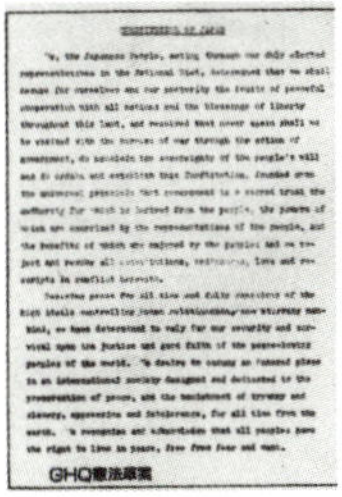

GHQ草案を手渡し → **2月13日〈GHQ草案〉** → 日本政府(翻訳開始)

GHQ ← **3月2日** ← 手渡し(日本側改憲初案)

GHQ → **3月4日〈協議〉3月5日** ← 日本政府

飛行機で米国へ ← **3月6日〈改正要綱〉** →

天皇の勅語
「日本国民の自由表明したる意思により決定……憲法に根本的改正せよ」

7日　新聞各紙報道

極東委員会
連合国11カ国による構成
対日管理の最高決定機関

在ワシントン

開会 2/26

4月5日〈口語化第一次試案〉 ← 口語化作業

(4月10日衆議院選挙、女性に投票・被選挙権)

4月17日〈改正草案公表〉

5/13
「慎重審議と自由な意思尊重」を要望

5月22日(吉田内閣)

マッカーサー　6/26
「充分な時間」「法的継続性」「日本国民の自由意志」が必要

6月20日 ← 帝国議会へ「憲法改正案」提出

第90回帝国議会〈国会審議〉

(衆議院に小委員会設置　7月25日~8月20日)
(帝国憲法改正案委員会で小委員会の修正案を承認)

8月24日〈衆院で修正案可決〉421対8

9月24日 → 入江法制局長官が応諾

マッカーサー(追加要請)
15条「成人による普通選挙の実施」
66条「首相ならびに国務大臣は文民でなければならない」

10月6日〈貴族院可決〉起立者3分の2以上

10月29日〈枢密院可決〉全会一致

11月3日<公布〉

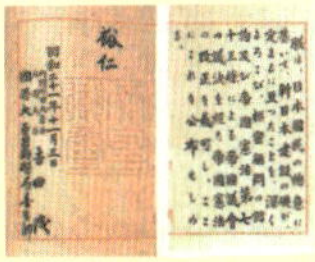

日本国憲法の公布
大日本帝国憲法第73条の改正手続に則り、天皇の裁可により公布された。吉田首相は11月3日の天長節(明治天皇誕生日)を公布日に選んだ

吉田　茂

1947(昭和22)年

5月3日〈施行〉

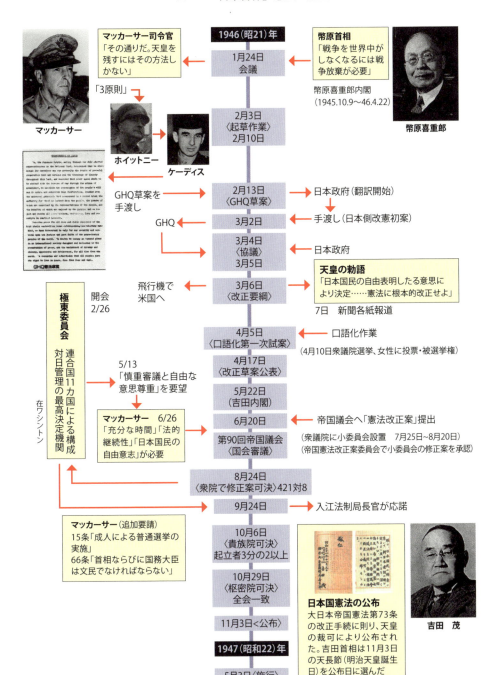

舞う幼稚な人格に留まる宗教者が、いつの時代も少なからずいる。

それを憲法論議に引きつけて述べるなら、戦後に日本国憲法が制定された社会の現実について、彼らがほとんど何も知らない事実へと突き当たる。

まず、**図08**（41ページ）「日米合作」憲法の誕生をご覧いただきたい。第9条を中心に描いた憲法の制定過程だが、これ1つとってみても、単純にマッカーサーが日本側に押しつけたようなものでなく、少なくとも日本側とアメリカ側、そして連合国・極東委員会（在ワシントン）の3側面の力が複合して成立したものであることをご理解いただけよう。

「複雑な現実」が理解できない人たち

「日米合作憲法」の現実を、一目で知ろうと思えば、さらに**図09**（44〜45ページ）日本国憲法最終案を見ていただくのがよいだろう。黒字はGHQ案をもとに日本政府が帝国議会へ憲法改正案として提出したもの（6月20日）。それを訂正した赤字の部分は、大半が衆議院と貴族院によるもので、一部は連合国・極東委員会からの修正（これには当然、アメリカと日本の同意もある）も入っている。それらの変化をまとめたのが、この最終案（10月7日）の記述内容であり、このあと、帝国憲法の規定により天皇の最高諮問機関・枢密院へ送られて可決し、そのまま日本国憲法として天皇から公布された。

つまり、日米が中心となって共同して作り上げ、さらに連合国・極東委員会による監視とチェックも加えられたのが現・日本国憲法なのである。**図09**に掲載した範囲で、前文はもちろん、第1条も第9条も、徹底して変えられたことが分かる。

これが、たんなる「押しつけ憲法」なのだろうか？　日本会議の目には、アメリカの「圧力」しかはいらない。日本人による国会も連合国・極東委員会も視野の外だ。複雑な現実をとらえることができず、教主たちにその視界をさえぎられ、彼らは馬車馬のようにただ走らされているのか。

いや、そうではないかもしれない。各宗派の指導者たちは複雑な現実を理解はできるが、信者たちの「天然な」傾向を知るがゆえに、またそうした傾向をそっとしておくほうが、献金も多く集まるかもしれない、教団運営もスムーズに運び、教団としての勢力も伸びるかもしれないと考え、この傾向を維持しているのだろうか。つまり、純粋な彼らは、教団の指導者たちに騙されているのだろうか。それを束ねる日本会議もまた、そうしたやり方を踏襲しているのだろうか？

誰が憲法を国会通過させたのか？

「押しつけ憲法論」の誤りを正すには、「日本国憲法最終案」に赤字を加えた国会議員が、いったいどのようにして選ばれたのかを考えてみるとよいかもしれない。

明治憲法は、枢密院の議長・伊藤博文と十数人が議論して決め、天皇の名前で公布したものだった。これは、確かに国民への「押しつけ憲法」だろう。１８９０（明治23）年に行なわれた第1回選挙のとき、その憲法下で選出された国会議員の選挙権は、高額な税金を納める25歳以上の男性に限られた。人数は、当時の国民の１％程度にすぎなかった。

納税額による制限は、その後、緩和されながらも大正末まで続き、１９２５（大正14）年に撤廃されるが、「男子で25歳以上」（全国民の約20％）に限られ、女性はまったく投票権を認められていなかっ

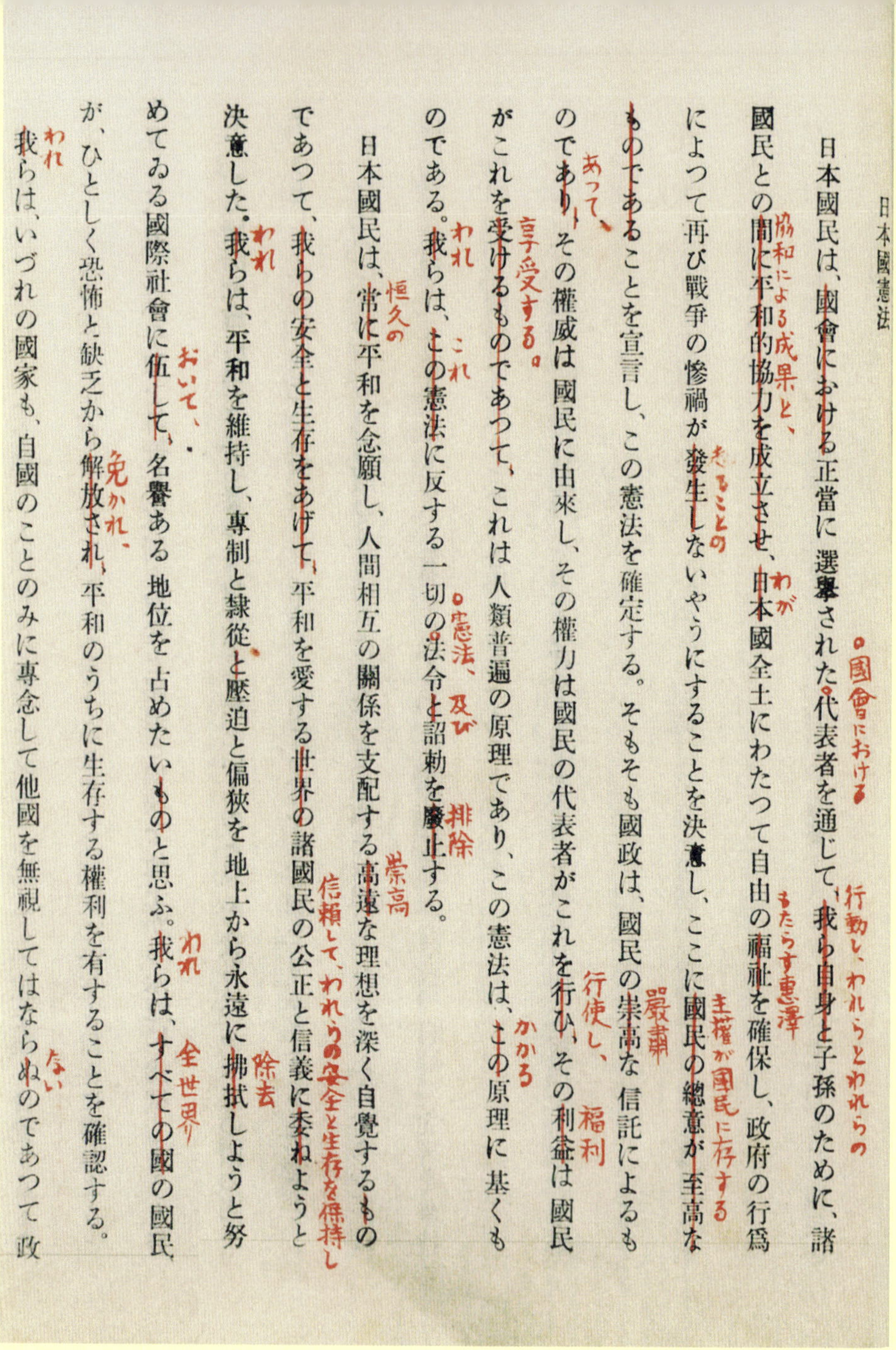
日本國憲法

日本國民は、國會における正當に選擧された代表者を通じて、我ら自身と子孫のために、諸國民との間に平和的協力を成立させ、日本國全土にわたつて自由の福祉を確保し、政府の行爲によつて再び戰爭の慘禍が發生しないやうにすることを決意し、ここに國民の總意が至高なものであることを宣言し、この憲法を確定する。そもそも國政は、國民の崇高な信託によるものであり、その權威は國民に由來し、その權力は國民の代表者がこれを行ひ、その利益は國民がこれを受けるものであつて、これは人類普遍の原理であり、この憲法は、この原理に基くものである。我らは、この憲法に反する一切の法令と詔勅を廢止する。

日本國民は、常に平和を念願し、人間相互の關係を支配する高遠な理想を深く自覺するものであつて、我らの安全と生存をあげて、平和を愛する世界の諸國民の公正と信義に委ねようと決意した。我らは、平和を維持し、專制と隷從と壓迫と偏狹を地上から永遠に拂拭しようと努めてゐる國際社會に伍して、名譽ある地位を占めたいものと思ふ。我らは、すべての國の國民が、ひとしく恐怖と缺乏から解放され、平和のうちに生存する權利を有することを確認する。

我らは、いづれの國家も、自國のことのみに專念して他國を無視してはならぬのであつて政

図09　日本国憲法最終案

黒字はGHQ案をもとに日本政府が国会（当時「帝国会議）へ提出した憲法改正案（1946/6/20）。議会は赤字をつけて枢密院へ提出した（1946/10/7）

治道德の法則は、普遍的なものであると信ずる。あり、この法則に從ふことは、自國の主權を維持し、他國と對等關係に立たうとする各國の責務であると信ずる。

日本國民は、國家の名譽に懸け、全力をあげてこの崇高な理想と主義と目的を達成することを誓ふ。

（以下省略）

第一章 天皇

第一條 天皇は、日本國の象徴であり日本國民統合の象徴であつて、この地位は、日本國民の主權の存する至高の總意に基く。

第二章 戦争の抛棄　放棄

第九條 國（日本國民は、正義と秩序を基調とする國際平和を武實に希求し、國權）の主權の發動たる戦争と、武力による威嚇又は武力の行使は、國際紛爭を他國との間の紛爭の解決の手段としては、永久にこれを抛棄する　放棄。

前項の目的を達するため、陸海空軍その他の戦力は、これを保持しない。してはならない。國の交戦權は、これを認めない。

第六十六條 内閣は、法律の定めるところにより、その首長たる内閣總理大臣及びその他の國務大臣でこれを組織する。内閣總理大臣その他の國務大臣は、文民でなければならない。

内閣は、行政權の行使について、國會に對し連帯して責任を負ふ。

9条改正のあと、内閣に「文民」（職業軍人以外の一般人）の条項が加えられた

徹底して手を加えられた9条

主権がどこにあるかあいまいだったため、小委員会が改正した

図10　はじめて選挙権をえて投票する女性たち（1946年）　『中学校公民教科書（清水書院）』より

た。これは、第2次世界大戦の終了まで続く。こうなると、戦前・戦中に制定された法律も、すべて「押しつけ」だったことになる。

国民の約半数を占める女性が選挙権（**図10**）と被選挙権を得、さらに年齢制限を20歳へと引き下げられるのは戦後のこと、１９４６年４月の総選挙からである。日本国憲法の最終案に赤字を書き入れた議員は、この時選ばれた衆議院議員（女性39人を含む）たちだった。日本のそれまでの歴史上、もっとも民主的に選ばれた選挙制度のなかで憲法改正案は審議され、衆議院は４２１：８で可決した。戦前のながれをくむ貴族院議員は、このとき改選されていないが、起立者３分の2以上の圧倒的多数でやはり可決成立させた。さらに枢密院も、改正案を全会一致で可決した。

これを「押しつけ憲法」と呼ぶならば、明治憲法も、さらにそのもとで作られたすべての法律も、もっと「押しつけ」はなはだしい「圧政憲法」「強圧法」とでも呼んだほうが良い。間違っても、〝押しつけられた明治憲法の方が良い〟などと言ってはいけない。

もちろん、戦後憲法は、日本人だけが作成したわけでないのは事実である。たしかに原案はアメリカが作った。だが、多数の日本人がその憲法を審議し、修正し、決議して受け入れた事実は、「押しつけ憲法」という見方の「単純さ」を物語っている。今の日本人に護憲意識が強いのは、歴史的にみて、もっとも民主的に憲法が制定されたことに由来している。むしろ、他の「主要国」のように、戦後も大きな政治的転換がなかったため、戦前の古い体質を引きずった憲法を、戦後に部分修正を繰り返し、ついにつぎはぎだらけにしてしまったのとは、わけが違うのだ。

“天皇の身体の保障はできない”の「誤訳」

これを読んでいる日本会議の人たちには、少し耳が痛いだろうが、話をさらに続けねばならない。

図07（39ページ）に、「アメリカ側は、これを受け入れなければ天皇の身体の保証はできないと日本に伝えました。」とあった（この場合の漢字は、正しくは「保障」と書くべき!）。もし、これが事実であったら、ナショナリストでなくとも、強引なアメリカのやり方に怒ってよい。

だが、ホイットニーが1946年の2月13日に発したこの言葉を聞いた日本人の誰もが、新憲法の内容と、それを強引に推し進めようとするやり方に驚きと困惑こそすれ、天皇に対する悪意は感じなかった。マッカーサーが天皇を肉体的に抹殺することなど、まったく考えていないことを、誰もが知っていたからである。ホイットニーは次のように述べたにすぎない。

「天皇を戦犯として調査しようという外部からの圧力が増している……マッカーサーは、この新しい憲法の条項が（日本に）受け入れられるなら、天皇は安泰（unassailable）だろうと考えている」と。

assail は「攻撃する」の意味。それに able（可能）を付け、前に un（否定）を付ければ「攻撃することができない」＝「安泰」という意味となる。では「攻撃」が何かと言えば、その前にある「天皇を戦犯として調査しようという外部からの圧力」であることは明らかだ。「天皇を戦犯の容疑者」にするか

図11　戦後、日本国天皇をどうすべきであると考えますか？

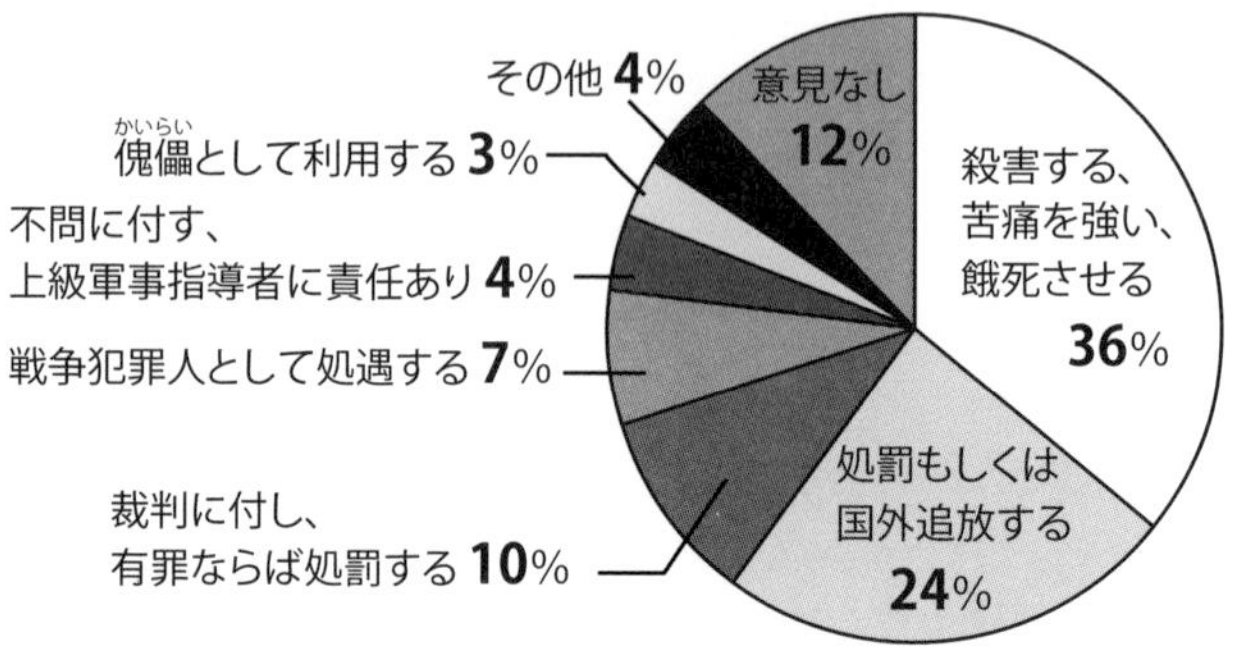

アメリカにおけるギャラップ社世論調査結果（1945年6月初旬）

もしれないのは、当時開廷（5月3日）の準備が進んでいた東京裁判ということもはっきりしている。

　誰も〝昭和天皇をすぐさま殺す〟などとは言っていない。東京裁判で戦犯容疑として裁かれることがなくなる、と言っているにすぎないのだ。「天皇の身体の保障はできない」というのは誤訳である。しかも「天皇の身体」という表現は、ホイットニーとの会見場にいた憲法担当の国務大臣・松本烝治のメモにあるだけで、彼はこの訳が微妙であることを知って、英文でperson of the Emperorと補足している。とするとpersonを「身体」と訳すことも間違いではないが、「天皇個人」と訳すのがもっとも適当だろう。松本は英語があまり得意でないと言われていた。

　ホイットニーが右の言葉を発した1カ月後の3月中旬、もう誰を戦犯として東京裁判にかけるか、国際検察局は審議・決定を始めている。ホイットニーの発言はその直前なのだ。当時の国際世論をみると、「天皇を裁判にかけろ」とする主張は、まだ生やさしいほうだった。アメリカでも「すぐさま殺せ！」が一番多かった（武田清子『天皇観の相剋』岩波現代文庫。**図11** 戦後、日本国天皇をどうすべきであると考えますか？）ソ連・カナダ・オーストラリアは、少なくとも天皇制を廃止する方針だった。それは、日本が行なった激しい戦争の中心にいたのが天皇であったし、これからの日本を世界にとって無害なものとするためにも、天皇を国の制度の中心から除去することが必要と、世界の多数が考えていた。

誰が昭和天皇の命を助けたのか？

しかし、日本がポツダム宣言を受諾して降伏するとき、昭和天皇を戦犯としないことは、日本とアメリカのトップ同士の暗黙の合意だった（進藤榮一『戦後の原像』岩波書店）。日本統治にあたったマッカーサーも、それが最も少ない労力で日本をコントロールする方法と考えていた（米軍１００万人規模を節約できると考えた）。彼は、始まろうとしていた冷戦に備え、日本の民主主義を徹底させて天皇に戦争責任をとらせるより、生かして自由主義陣営へ引き込むことのほうが上策、と考えるようになっていた。

だが、まもなくソ連や中国などの加わった連合国・極東委員会が動き出す（2月26日に開催を予定）。となれば、マッカーサーも連合国の総司令官として極東委員会の指示に従わざるをえなくなる。連合国・極東委員会が本格的に動き出すとき、「天皇を戦犯として裁け」という声をもつ国の監視が圧倒的に強まるのは、火を見るより明らかだった。その前に新憲法を日米だけでまとめ、日本を平和国家へ転換させ、天皇も無力になったことを世界に知らしめ、東京裁判で天皇が裁かれるのを防ぎたかったのだ。

そこで打ち出したのが、「マッカーサーの憲法三原則」だった。

①天皇を日本の中心（象徴）として残す

②その代わり、日本に戦争を放棄させる（当初は、防衛戦争も認めないと考えていた）

③封建的諸制度を廃止し、人権保障を徹底させる

こうした方向性を打ち出し、その線で憲法をまとめようとした。そのため、ホイットニーは、「天皇を戦犯として調査しようという」勢力は、それがたとえアメリカ人の声であっても「外部からの圧力」と述べたのだった。「あなたたち日本人も、そして私たちアメリカのトップも、天皇が安泰であることを願っている。そのために、新しくつくられるこの憲法の原則をあなたたちが受け入れなければ、天皇を安全に置いておくことは、国際世論ゆえに困難になりますよ」と語ったのである。もしホイットニーが生きていたら、「国際世論を説得するために、マッカーサーや私たちがどれだけ苦労しているか、その気持ちも知らず、私の言葉を〝昭和天皇をすぐさま殺す〟などと誤解するのは、世間知らずの恩知らず野郎！」とでも言い、日本会議の人たちへ語気を荒らげたことだろう。それはホイットニー発言の真意とは真逆の解釈なのである。

ホイットニーの言葉をその場で通訳していた白洲次郎（当時、吉田茂の側近で外務省終戦連絡中央事務局参与）が、「押しつけ」と激怒していたことはよく知られている。それをまた「押しつけ憲法論」者たちは利用してきた。しかし、彼は後に次のように書いている。

「（アメリカが）新憲法を押しつける決心であったかどうかは別として**無理のない事情もあった**。それは……日本政府最後の（アメリカへ提出した松本烝治の）憲法修正案も**天皇主権**であったからだ……**事**

態の認識はあまかったようだ……。
新憲法のプリンシプル（原理・原則）は立派なものである。……マックアーサーが考えたのか幣原総理が発明したのかは別として、**戦争放棄の条項などその圧巻**である。押しつけられようが、そうでなかろうが、**いいものはいいと率直に受け入れるべき**ではないだろうか。」（『プリンシプルのない日本』新潮文庫、225～226ページ）

これは1969年に白洲が書いたものだが、アメリカには天皇を残すため、日本に強く出なければならない「無理のない事情」があったことを今は理解し、逆に日本政府が当初作成した新憲法案には、「天皇主権」を残すような（国際社会の意向を知らないか重視しない）甘い考えがあったと記し、そのことを考えるなら、9条もそうだが、「押しつけ」かどうかなどは大きな問題でなく、「いいものはいいと率直に受け入れ」よう、と訴えているのだ。彼は、アメリカが天皇を守ろうとしたとき、あの大国さえどうにもならなかった世界の現実の重さをよく理解し、その困難だった事情を踏まえるべきという立場へ変わったことがよく分かる。

憲法9条の「大どんでん返し」

こんな現実の重さを知らない「世間（世界？）知らず」の人たちが今、大挙、群れをなして日本社会の根幹をなす憲法を変えようとしている。危ない話だ。

「いや待ってくれ！〝押しつけ憲法論〟がマチガイというのはよく分かった。しかし、日本を命をかけて守ってくれる自衛隊まで〝憲法違反、日陰者！〟などと言うサヨクはひどくないか？　それを考え

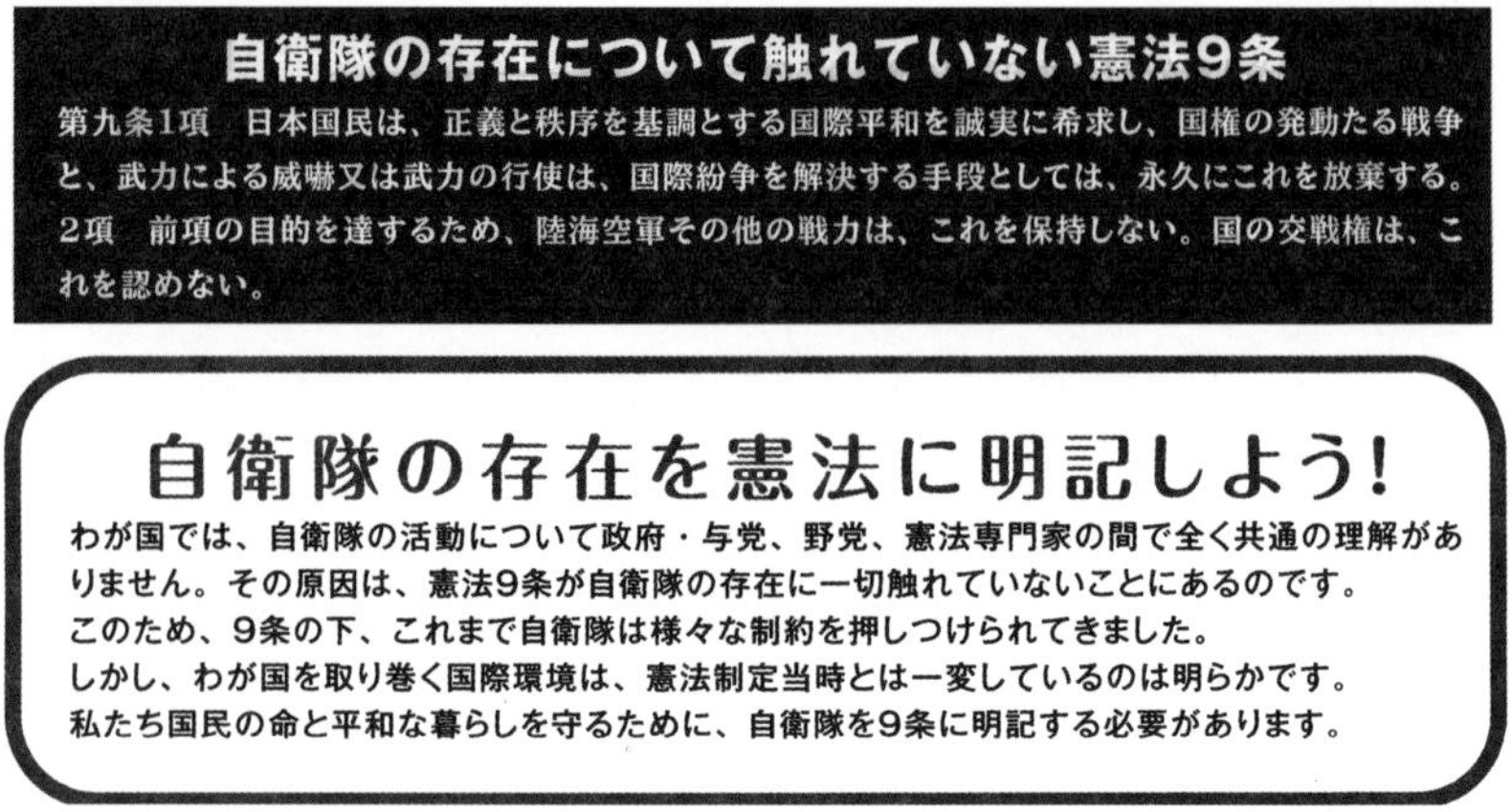
自衛隊の存在について触れていない憲法9条
第九条1項　日本国民は、正義と秩序を基調とする国際平和を誠実に希求し、国権の発動たる戦争と、武力による威嚇又は武力の行使は、国際紛争を解決する手段としては、永久にこれを放棄する。
2項　前項の目的を達するため、陸海空軍その他の戦力は、これを保持しない。国の交戦権は、これを認めない。

自衛隊の存在を憲法に明記しよう！
わが国では、自衛隊の活動について政府・与党、野党、憲法専門家の間で全く共通の理解がありません。その原因は、憲法9条が自衛隊の存在に一切触れていないことにあるのです。
このため、9条の下、これまで自衛隊は様々な制約を押しつけられてきました。
しかし、わが国を取り巻く国際環境は、憲法制定当時とは一変しているのは明らかです。
私たち国民の命と平和な暮らしを守るために、自衛隊を9条に明記する必要があります。

図 12　日本会議のチラシより部分（原カラー）

たら、そろそろ自衛隊を合憲とする憲法へ変えてもいいのでは？」

前述の日本会議の巨大チラシも、「自衛隊の存在について触れていない憲法9条……自衛隊の存在を憲法に明記しよう！」といって9条改正を訴えている（**図12**）。

だが、結論から先に述べるなら、そんな必要はないし、憲法が自衛隊に触れていなくても、それは合憲であり、むしろ自衛隊に憲法が触れないことこそ、重要なのだ。なぜか？

マッカーサーから手渡された憲法原案が、日本の国会の手で大幅に変えられたことは42ページ以下に書いた。9条はとくにそうだった。改めて、その箇所（45ページの**図09**左）を見てほしい。第1項は、国際平和を希求する日本の意思を格調高く謳う表現へと訂正されている。第2項の冒頭には「前項の目的を達するため」が盛り込まれた。いずれも何の変哲もない表現だし、つづけて「陸海空軍その他の戦力は、これを保持しない」とあるから、この挿入により、第1項と2項の関係がより明確となったと、普通は感じるだけだろう。

だが、ここには「大どんでん返し」が潜んでいる。

まずアメリカが「自衛戦争の否定」を削除

よく考えてほしい。「戦力の不保持は、国際紛争を武力で解決することを放棄するため」だと、第9条の目的をより厳密に定義した結果、「国際紛争を武力で解決する」以外の目的で戦力を持つことはどうなるか、という新たな問題が生じていないだろうか？

たとえば、「僕は鉄砲なんか持たない」と言っていた人が、急に「僕は泥棒を撃つために鉄砲は持たない」と言ったとしたら、あなたはどう理解するだろうか？「鳥獣を撃つためなら、鉄砲は持つよ」と言い換えたのかもしれないと感じないか？　そして実際に、彼が銃を買っても、それが猟銃なら、もう彼を非難できなくなっている自分に気づくだろう。戦力不保持の目的が明確、かつ厳密に限定された分だけ、それ以外の「目的」による軍備を保持する幅が広がるのだ。しかもこの改変は、アメリカに端を発していた。

マッカーサーは最初、自分が打ち出した「憲法三原則」の第2で、日本には自衛戦争さえ認めないとしていた。正確には次のように書いている。

「国の主権の発動としての戦争は廃止される。日本は、国際紛争を解決するためだけでなく、自国の安全を保持する手段としても戦争を否定する」

しかし、現実に彼がスタッフを集めて日本国憲法の草案を作成する過程で、ここに修正が加えられたのだ。つまり図09（45ページ）の第9条の黒字の箇所がよくそれを表している。**マッカーサー草案の第9条では「自国の安全を保持する手段としても」が削られているの**だ。まずアメリカ自身が、日本へ憲法案を提案した段階で、自衛戦争の放棄を取り消していたのだった。

この理由は、その前年に調印された国際連合憲章の第51条が、武力による自衛戦争を認めていることに気づき、その文言を外したと考えられている。マッカーサーやホイットニーの下で憲法の実務に当たっていたケーディスが、自衛権の否定には「無理がある」と考えた、と後に証言している。

憲法改正小委員会での改正案

日本の国会でこの9条が最初に議論されるのは、1946年6月28日の衆院本会議だった。このとき吉田茂首相は「私はかくのごときこと（防衛的な戦争）を認むることが有害であると思うのであります」と、三原則にしたがって答弁している。ところが、その後、衆議院に「帝国憲法改正案委員会」（72名）が置かれ、憲法改正案を具体的に検討するため、さらにその下に小委員会（正式には「帝国憲法改正案委員小委員会」）と名づけられる秘密会が設置された。この**小委員には、自由党5、進歩党3、社会党3、協同民主党1、無所属倶楽部《クラブ》1、新政会1の14人（委員長は自由党の芦田均）が任命され、1946年7月25日から8月20日までの1カ月近く計13回にわたり、1人の委員が欠けても審議も決議も進めない超党派的な配慮と粘り強さをもって調整を重ねた。その結果、ほぼ全会一致に近い形で、憲法の前文から各条項の訂正について結論を出したのだった。**

第9条については、7月27日・29日・30日、8月1日の計4回審議され、最初の7月27日はまだ細かな表現（「抛棄」か「放棄」かなど）の検討が中心だったが、29日の会議冒頭、芦田委員長が、次のように大きく変更することを提案した、

「第1項　**日本国民は、正義と秩序とを基調とする国際平和を誠実に希求し、**陸海空軍その他の戦力を保持せず。国の交戦権を否認することを**声明す**。

第2項　**前項の目的を達するため、**国権の発動たる戦争と、武力による威嚇又は武力の行使は、国際紛争を解決する手段としては永久にこれを放棄する。」

ゴチック部分が、芦田により追加された文言であり、それ以外の大きな変更として、第1項と2項の順序を変え、「前項の目的を達するため」で、前後を結合させていることである。他は些細な表現の違いにすぎない。

この芦田提案に疑問を呈したのは、政府委員として小委員会に出席していた法制局次長・佐藤達夫であった。彼は、政府官僚のなかで憲法に関する実務で最高責任者の位置にあった。彼は「声明す」へと変更することにより、「禁止規定が宣言規定に代」わり、戦力不保持の性格が弱められる、と批判した。

憲法担当大臣・金森徳次郎の爆弾発言

佐藤の批判により、芦田提案に関する議論が膠着状態となった。このため翌30日、内閣憲法担当大臣（兼国務大臣）の金森徳次郎が小委員会に招かれ、意見を述べることになった。彼もまず、「声明」の語を使用することには反対した。その意味で、彼は戦力不保持の表現を弱めない側に立ったかにみえたが、つづけて次のように語ったのである。

「（原案の）第1項は『永久にこれを放棄する』という言葉を用いましてかなり強くでております、しかし第2項の方は永久という言葉を使いませんで、これは私自身の肚《はら》勘定だけかもしれませんが、将来国際連合等との関係におきまして、第2項の戦力保持などということにつきましてはいろいろ考うべき点が残っておるのではないか、こういう気が致しまして、そこで建前を第1項と第2項とにして、非常に永久性のはっきりしておる所を第1項に持って行った、こういう考え方になっております（中略）そういう考えで案を作ったのであります」

つまり、憲法改正原案では「**国際連合との関係で戦力をもつことを可能にするため、第9条第2項にある戦力不保持に永久性を持たせないようにした（将来、戦力を持てるようにした）**」と語ったのである。具体的には国連軍への参加などが想定されていた。合わせて、第1・2項の入れ替えは不要である、とも告げた（これにより、戦力不保持の目的が限定づけられた）。

金森のこの発言を知るのは「初めて」、という読者がほとんどであろう。実はこの憲法改正小委員会そのものが厳密に非公開とされ、その後も、議事録さえ1995年まで秘密にされたからである（アメリカには英文に訳されたものが送られ、保存されていて、アメリカに行けば読むことはできた）。ただ、原文が日本国内で公開されて以降も、右の重要な点は、憲法研究者でさえ読み落としてきた。

アメリカとの交渉を重ねてきた金森憲法担当大臣のこの発言により、小委員会の流れは一変した。翌日は、金森の提案にしたがい「声明す」を削り、第1・2項の順序も元に戻した。そして進歩党の犬養健委員は、「第9条の第1項は……永久不動、第2項は多少の変動がある」と発言し、当初批判的だった政府委員の佐藤も、金森の発言をうけてこれに同意した。社会党の鈴木義男委員は、「**ある国際法学**

者も、交戦権を前に持ってくる方が、自衛権というものを捨てないということになるので宣《よろし》いのだということを説明しておりました」と発言し、もうこれをたしなめる者は誰もいなくなっていた。「前項の目的を達するため」というつなぎの挿入が、戦力不保持の目的を、より狭く限定し、国連軍への参加を突破口として、自衛のための戦争を容認する方向へと審議は大きく変化していったのである。

こうした議論は、秘密会ということもあり、米国以外の連合国との関係（とくに天皇を東京裁判への訴追から守るため）から、日米の内密の合意となった。そうして第9条は、45ページにあるような文面となって小委員会における改正が確認され、その上部の帝国憲法改正案委員会へ小委員会の共同修正案として提出され、8月21日に委員会が起立多数により承認、衆議院本会議においても同月24日に421：8で可決成立したのだった。

連合国も9条改正を知っていた

憲法9条のこの重大な改変に、敏感に反応した人たちがいる。連合国・極東委員会のメンバーたちである。この極東委員会は、連合国による対日占領に関する政策決定機関として1945年12月、ワシントンに設置された。構成は、英・米・中・ソのほか合計11カ国、のち13カ国に増える。マッカーサーも、連合国最高司令官として、この極東委員会の決定に従わなければならない立場にある。ただ、その設置が遅れたため、彼はその間、かなり勝手に動くことができ、憲法も日米の合意で完成させ、そのまま終わりたいと考えていた。

ところが、横やりが入る。8月24日に日本の衆議院を通過した憲法修正案が極東委員会へ翻訳して送られると、それを読んだ各国代表から批判が出たのだ。極東委員会としては、日本の再軍国主義化を防ぐため、とくに首相や国務大臣を「文民」とする規定を盛り込むよう、少し前から働きかけていた。ところがその文言がどこにもなかったからである。

9月21日、文民条項を改めて盛り込むよう要求する意見がソ連から出ると、中華民国政府（現在の台湾）代表のS・H・タンが、次のように発言した。

「衆議院において（憲法第9条が）修正され、第9条（第2項が）**第1項で特定された目的以外の目的で、陸海空軍の保持を実質的に許す解釈を認めている**ことを指摘したい。（中略）それは日本が何らかの口実のもとで、たとえば自衛という口実で軍隊を持つ可能性があることを意味する」

と指摘したのだ。この意見に、カナダ、アメリカ、イギリス、オーストラリアが賛成し、極東委員会として、まずマッカーサーへ連絡することを決定した。この結果、マッカーサーは9月24日にホイットニーとケーディスを吉田首相のもとへ送り、交渉を開始した。そして入江法制局長官との間で、「内閣総理大臣その他の国務大臣は、文民でなければならない」（第66条）を盛り込むことなどで合意した（41ページ参照）。

「文民」条項の盛り込みについては、最初に極東委員会からの要請が届いた段階で、civilianの語を加えることが、憲法改正案小委員会において8月20日、議論されている。英語でcivilianといえば、「軍人に対する民間人」（non-military）という意味が明白なのだが、これに該当する日本語としては「文民」しかない。しかし、戦後の日本にまだ軍人はいないとして、この語の使用を避けることでいったん妥結していたものだった。

しかし、連合国としては、憲法第9条の改変を客観的にみたとき、日本に軍人が誕生することを想定しなければならない。そのうえで、非軍人としての「文民」を入れることにより、軍の暴走を阻止する役割を第66条に持たせることが重要になった。しかも、憲法改正案はすでに衆議院を通過しており、9条の文言を再度改訂することは困難であり、条項の追加ならば可能と判断したのだ。

日本が自衛権を持つことで連合国と日本は合意

先の第9条の文言修正を、総称して「芦田修正」とこれまで呼ばれてきた。芦田の案もすべて認められたわけではないし、彼が最初目的とした修正は、むしろ別の所（文章としての整合性）にあった。しかし、金森発言とそれにつづく委員の意見により実質的な改変が確認され、客観的な意味が定まっていった。さらに、極東委員会が加わったことで、第66条に、当時日本国内にいなかった軍人（すなわち自衛隊員も想定内！）の暴走を将来的に防ぐ役割まで盛り込まれたのだ。58ページでS・H・タンが発言したゴチック部分こそ、憲法9条の実質的な国際理解となっていったといえる。

ここには、もちろんアメリカの合意もあった。ケーディスは、その後一貫して次のように語っている。

「私たちは基本原則さえ守られていれば、GHQ案を日本語の条文にする際、憲法第9条を含めて総ての条文の日本語訳を積極的に受け入れました。たとえば、いわゆる芦田修正をあまり問題にしなかったのもこのような理由からで、マッカーサー三原則の第二番目の『自国の安全を保持する手段としての』を文中から削除しても、主権国家に内在する自己保存の権利を日本に認めるだけのことであると考えたのです」（竹前栄治「米占領政策の意図」『中央公論』1987年5月号）。

日本における憲法改正案委員会の委員長でもあった芦田均は、新憲法公布日である1946年11月3日、自著において「憲法9条……自衛のための戦争と武力行使はこの条項によって放棄されたのではない」（『新憲法解釈』ダイヤモンド社）と書き、ラジオにこの日出演して「自衛権の問題は、この条文において、決して戦争放棄の中に入っていない」（NHK第1放送）と発言したのだった。

「あいまいな9条」と改憲エネルギー

こうして、日本国憲法第9条は、自衛権を否定しないものとなった。ただ、積極的に自衛権を行使する、と述べたわけではない。厳密にいうならば「自衛権は保持するが、積極的に自衛権を行使することについては、自衛の範囲という最低限の制約のもとでその行使・不行使を時の政府にゆだねる」という消極的な規定にすぎない。これにより、自衛力の制限が生まれ、攻撃してくる勢力を跳ね返すに足る軍事力を大きく上回る保有はできないことになる（専守防衛）。これが、憲法制定過程から確認できる9条の法文解釈である。

こうした9条への理解は、とくに憲法改正小委員会の議事録が核となってもたらされるものだが、1995年まで同議事録が非公開とされたこともあり、内閣法制局や議院法制局はもちろん、憲法学者や法曹界も、9条の法文内容を厳密に検討することができなかった（現在は、国立国会図書館のホームページから国会会議録検索システムへ入ると、帝国議会会議録検索がある。その中の第90回帝国議会衆議院の会議録として、誰でもいつでも無料で閲覧できる）。

天皇を守る目的のため、９条の実質改正という重大な問題が秘密とされたことは、その後の日本社会に大きな影を落とした。１９５０年の朝鮮戦争をきっかけとして、日本に警察予備隊が発足、やがて52年に保安隊、54年には自衛隊へと変わっていく当時、９条の法文を離れた感情的、感覚的対立を国内に巻き起こすことになったのだ。平和を希求する立場からは、自衛隊の存在そのものが違憲ではないかとする疑問が出され（護憲派）、保守の立場からも、合憲ではあるが違憲の疑いも残るので**自衛隊が合憲であることを明記するために「改憲」しようとする動き**が始まる（改憲派）。

「自衛隊は違憲か合憲か」の激しい議論が国会でなされた１９５４年12月22日の衆議院予算委員会で、大村清一・防衛庁長官は政府の「統一見解」として、次のように発言し、最後に私見を追加した。

「憲法は戦争を放棄したが、自衛のための抗争は放棄していない……武力の行使が放棄されるのは、『国際紛争を解決する手段としては』ということである……

自衛隊が違憲でないならば、何ゆえ憲法改正を考えるか。憲法第９条については、世上いろいろ誤解もあるので、そういう空気をはっきりさせる意味で、機会をみて憲法改正を考えたいと（私は）思っている」

つまり、「自衛隊が合憲であることをはっきりさせる意味」をもつ改憲が、自民党の見解となってきたのである。しかし、秘密会の内容が明確となった今、それはもはや必要なくなったはずである。にもかかわらず、この立場は今もつづけられている。彼らの本当の目的は、これから述べるように憲法の全面改正にあるからである。９条改訂は、全体の一過程にすぎない。

第4章◉日本会議の教科書運動

右派運動のデパート

日本会議が目的とする「憲法改正」の中心には、憲法第9条の改悪がある。自衛隊を「軍隊」とし、自由に戦争できる体制を作ることだ。しかし彼らの目的は、それにとどまるものではない。２０１５年11月10日の「1万人大会」の黒幕として動いてきた日本会議事務総長・椛島有三（28〜31ページ参照）は、会場で憲法改正の「提言」を行なった九州経済連合会名誉会長・松尾新吾に対し、事前に「思った通りに話していただいてけっこう」と語ったという（壇上での松尾発言より）。松尾は、聴衆に向かい、「思った通りに」だろう、次のように公言した。

「『真憲法制定』です……真実の『真』、まことの『真』……（日本国）憲法には、日本の歴史、伝統、文化、その薫《かお》りを感じさせるものは1つもありません……『今の憲法の部分的改正ではない』ということです。……この機会にトータルに見直し、制定していく……たとえば9条2項、あるいは緊急事態条項、あるいは環境権等々から手を着けるべきだということは私も分からないではありません。しかし、そういうやり方で、果たして美しい日本の憲法になるでしょうか……（トータルな）憲法草案を整備し、それを一括審議にかけていただきたいと思っています」

集会は、壇上の国会議員たちに対する1万人大会からの公式要請も終わり、いよいよ日本会議としての内心を吐露し、これからの運動方針へとむかう入り口での発言であった。国会の状況に左右され、妥協を重ね、彼らにとって〝歩みの遅い〟憲法改正の動きとなる危険性を感じたのであろう、真にめざすものを、事務総長自らがテコ入れし、表明させた瞬間である。

彼らがめざす日本社会のあり方を理解するため、日本会議が目的とし、今手がけている運動課題を**図06**（22ページ）に掲載した。実は、彼らが追求する社会の全体像について、明確に自らが文章化したものはなく、これまでの活動内容を調査したうえで私なりに整理したものだが、天皇の崇拝からはじまり、国防安保まで大別してみた。実に多様な目的をもっている。日本会議とは、右派運動のデパートなのである。憲法改正は、その中の2番目に位置するが、実質的にはすべての項目とも関係する。このため、彼らが求める憲法像は、逆に、めざしている全体像を把握する見取り図ともなる。

「憲法改正」の範囲は全領域に

日本会議の活動スタイルの特徴の1つは、これらの「めざす全体像」を意識しつつ、同時に個別の目的に応じた「課題別系列組織」を新たにつくり、自らの「真」の姿をカモフラージュする方法を採っていることだ。この方法により、日本会議やその核にいる「生長の家元学生グループ」（現在は日本協議会や日本政策研究センター）が系列組織のイニシアティブをとりつつ、他の組織や個人との「統一戦線」をその場かぎりに形成するのである。

そうした「課題別系列組織」には、憲法改正についてなら、1万人大会を開いた「美しい日本の憲法をつくる国民の会」のほか、右派文化人を集めた「民間憲法臨調」がある。どちらも共同代表や代表に櫻井よしこが就いているが、前者は三好達（日本会議名誉会長）と田久保忠衛（日本会議会長）がともに共同代表となって彼女の脇を固め、後者は組織運営の要である事務局長を、日本会議の憲法問題の中心的イデオローグ・百地章（日本大学教授）が担い、運営委員にも、椛島有三（日本協議会会長）をはじめとする、日本会議をとりまとめてきた生長の家元学生グループの中心メンバーが占めている。実質的に日本会議が組織の実権を握りながら、表面を一般受けする人物で装う手法も彼らの典型的な手法なのだ。

この民間憲法臨調が提示する「新憲法大綱」（案・2005年）によると、現憲法の前文に独自の歴史・文化・伝統を盛り込むことからはじまり、第1章「天皇」（国際的に国家を代表する「元首」に変え、衆参議長を任命する権限などを追加する）、第2章「安全保障」（9条に「軍隊」の保有を明記し、「国際社会の平和維持にかかわる」戦争を遂行し、総理による軍への指揮権、国家非常事態、国民の国防への責務等を追加する）、第3章「国民の権利及び義務」（権利よりも公共の利益を優先し、政教分離を大幅に緩和する。環境・プライバシー権等を追加し、教育への国の責務、家系的家族の保護を追加する）、第4章「国会」（衆議院の権限を強化する）、第10章「改正」（国会発議を出席議員の5分の3に緩和する）など。以上の改変とともに、さらに「国益事項」（領土・海上権益、国旗国歌等を明記する）を新設する、となっている。

憲法改正と教科書と若者

こうした全面的な日本社会の変革をめざすところから、**図06**（22ページ）の8項目が彼らの運動に位置づけられることになる。それぞれを、ここで詳しく分析する余裕はないし、すでに各分野について優れた研究が始まっている（巻末の参考文献をご覧いただきたい）。

本書では「教育」運動、とくに彼らが独自の「教科書」を作成し、普及させようと力を入れてきた運動を取り上げたい。憲法と教育は、ともに平和のみならず、社会制度や倫理・宗教・文化にまで広くかかわるからだ。「日本会議」の実態をとらえる場合、自治体や国会決議、署名や集会などの表面的な動向のみ見ていては、実態としての日常的な活動スタイルがわからない。「右派運動のデパート」としての彼らの動きの水面下のあり方を、教科書採択の面で紹介し、分析したいと思う。

また、この「教科書」運動は、次世代の教育のためであることから、当然にも若者ときわめて密接に関係している。それが憲法改正に直結することを考えたい。

憲法改正と若者がどう関係するかを具体的に示したものとして、すでに紹介した1万人大会に寄せた安倍総理のメッセージがある。彼は「第1次安倍政権で国民投票法が制定され、第2次安倍政権で宿題とされていた**投票年齢の18歳への引き下げが実現し、憲法改正に向けて渡っていく橋は整備された**のであります」と語った。

なぜ投票年齢の引き下げが憲法改正の「橋の整備」になるのか？　それを、彼の発言にしたがって述べるなら、第1次安倍政権下で国民投票法（「日本国憲法の改正手続に関する法律」）が、２００７年５月に制定された。このとき、投票権を「満18歳以上」と定めはしたものの、同時に国政選挙でも同年齢となるよう公職選挙法を改定するまで「満20歳以上」にしておくと、附則で定めていたことと関係する。

その後、公職選挙法の改正が進まなかったため、国民投票も「満20歳以上」のままだったのである（「宿題となっていた」）。しかし、第2次安倍政権となった２０１４年6月、国民投票法の部分改正を行ない（「日本国憲法の改正手続に関する法律の一部を改正する法律」）、２０１８年を限り「満20歳以上」をやめ、無条件に「満18歳以上」へ引き下げると決めたのである。また、すみやかに公職選挙法も満18歳以上へと変更するよう検討する規定も盛り込んだ。そうして、公選法の改正が２０１５年6月に決まり、一般の投票年齢も２０１６年の今年の選挙から引き下げることになったことを指している。

安倍メッセージは、たんにその手続きが終わったともとれる。だが、「満20歳以上」ではなぜだめで、「満18歳以上」とすることが、なぜ安倍総理の「宿題」となったのか？　そもそも「満18歳以上」が憲法改正手続きに盛り込まれたのはなぜなのだろうか。

投票権と「兵役」の関係

日本では明治29年から、成年は「20歳」と決まっている。このため公職選挙法でも投票年齢を「20歳」とするのが戦後70年間つづいてきた不動の体制である。それをなぜ、憲法改正の国民投票を手はじめに「18歳以上」としたのだろうか？　国民投票の年齢引き下げが、公選法の年齢引き下げにつながり、さらに今、「成年」年齢自体の引き下げの動きへと進んでいる。憲法改正が震源地となり、全体を整合的に変えている異様さゆえに、ここへ大きな疑問が寄せられてきた。

あらゆるデータが示すことなのだが、憲法改正への心理的な抵抗は若者ほど低く、高年齢ほど高い。たとえば２００４年の朝日新聞の調査によると、20代と70代では20ポイントもの開きがある。ここから、国民投票の年齢を引き下げる意図は、改憲を容易にする目的があるのではないか、という疑惑が生まれる。年齢を2歳引き下げることにより有権者は２％、約２４０万人増えることになる。大阪都構想の可否をめぐる２０１５年5月の住民投票は、わずか1万人（０・８％）の差が勝敗を分けた。２％の動向が全体を左右することもあるのが、住民投票の怖さである。

ただ、若者の政治参加が、１９７０年前後の学園闘争時代を経て、抑圧されつづけてきたことへの反省もある。また、少子化がもたらす若年層の不公平感（20代人口は70歳以上人口の3分の1にすぎず、発言力低下のなかで高負担）を是正しようとする民主主義の観点からの動きも存在してきた。事実として憲法改正国民投票の年齢引き下げを、誰が言い出したのか不明な面があり、拙速な推測はやめたいと思ってきた。

とはいえ、選挙権の「18歳以上」を持ち出すときの根拠として、かならずと言っていいくらい「世界の約90％が18歳以上」という理由が述べられる。これを、たんなる趨勢と見れば問題はないが、**比較的最近、この制度を変えた国の多くが「兵役につくのは18歳からだから」という理由をあげている**（アメリカ、フランス、ドイツ、スウェーデン、オーストリア、ギリシャなど）。これを見るとき、そこに客観的な意味を加えて考える必要があるだろう。この日本でも、自衛官の年齢の下限は男女とも18歳なのである。

日本会議は、先の集会において「大会決議」を読みあげたが、安倍首相のメッセージに応じて、次のように宣言した。

「憲法改正の国民投票は……もっとも厳粛な形で主体的に国づくりに参画する唯一の機会である……投票権年齢も18歳以上と改められ、憲法改正国民投票は、高校生も含めた全国民に課せられた重要な責務となった」

今から2年後の2018年に、もし憲法改正の国民投票が行なわれるとすれば、そのとき満18歳、19歳の若者は、現在16歳、17歳であり、今の高校生全員が国民投票に参加する。ここには、〝若者よ、憲法を改正して戦争へ征け！〟というメッセージが込められているとみるべきではないだろうか。

出生の秘密～「日本教育再生機構」と育鵬社

憲法改正にむけ住民の投票数をいかに増やそうかと目論めば、また「戦争をになう次世代の国民づくり」を肉体的、精神的に考えるなら、中高生への教育が、大きな位置を占めることは明らかだろう。憲法改正をパソコンにたとえるなら、ハードウェアや機材の作り替えとともに、ソフトウェアの改変がともなうことに気づく。

つまり法制度や軍備の改変とともに、精神性の改造が要求されるのだ。ソフトウェアに、教育を当てはめることができよう。したがって、日本会議がこれまで力を入れてきたことに、中高生の教科書を作成し、普及させることがあった。高校生用の教科書としては、『新編日本史』（原書房）として、すでに

1985年に検定申請している（31ページおよび巻末の年表参照）。これを担ったのが、日本会議の前身の1つ「日本を守る国民会議」（黛敏郎運営委員長）であった。

しかし、ふんだんに神話や教育勅語を盛り込み、「日本人の精神文化の流れに着目した記述を試み」（『日本の息吹』創刊号）た結果、文部省（当時）の検定官から800カ所以上の修正意見を付けられ、さらに追加の修正を4度、合計89カ所に受け、満身創痍《そうい》で検定を合格した。これは今、『最新日本史』（明成社）の名前で発行されつづけているが、採択数は4000冊を前後している。高校教科書の場合、採択権限が実質的に学校ごとにあり、現場教員の意見が強く反映されてきたため、最大の採択数となった1989年でも9000冊あまりに達したのをピークに、その後低迷している。

この突破をはかったのが、2001年に検定合格した中学生用『新しい歴史教科書』と『新しい公民教科書』（いずれも扶桑社）への着手であった。中学校教科書に彼らが目をつけたのは、採択権限の多くが学校自身になく、地方自治体に置かれた教育委員会の管理下にあるからだった（ただ、採択権限が複数の自治体にまたがることもあるし、自治体内部でいくつかに分割される場合もある）。それゆえ、教育委員を任命する各自治体の首長や議会を通して教育委員会をコントロールできれば、彼らがつくる教科書の採択数を大きく増やす可能性が出てくる。

こうして彼らは教科書運動の力点を中学校へと移し、「新しい歴史教科書をつくる会」（西尾幹二初代会長、以下「つくる会」）を発足させた。これが、1997年1月30日（『「新しい歴史教科書をつくる会」という運動がある』扶桑社）のことだった。

ところが、この運動も当初うまくいかず、2001年、「つくる会」教科書は歴史・公民教科書

写真２
育鵬社教科書。フジ・メディア・ホールディングスのロゴマークをつけている。

とも0・05％前後の採択率にとどまった。次の採択年となった２００５年も歴史0・39％、公民0・19％にすぎなかった。この打開策をめぐり、「つくる会」は内部対立することになった。

この教科書運動には、日本会議以外に多数の右派文化人が集っていたことが裏目に出た。翌年には、日本会議派と藤岡信勝派へと分裂した。日本会議派はその後、八木秀次を理事長に「日本教育再生機構」（教科書改善の会）なる組織を発足させ、育鵬社から教科書を刊行することにした。藤岡信勝派は、「つくる会」の名前のまま、自由社から出版することを選択した。

日本会議の教科書を発行する育鵬社は、フジ・メディア・ホールディングス（旧フジテレビジョン）の１００％出資による完全子会社（上部に扶桑社）である。しかも２００７年に、わざわざ教科書を発行するためのみに発足した。そのきっかけは、安倍晋三による同ホールディングス代表取締役会長・日枝久への口利きであったと、藤岡信勝が屋山太郎（日本教育再生機構が事務局を務める「教科書改善の会」代表世話人）から直接聞いた話として自由社の機関誌『自由』２００８年２月号に暴露している。大企業がバックにある育鵬社は経営的に安定しており、いっぽう自由社は、小さな会社であることに加え、その後、不祥事も起こし、採択数は現在ほとんどない状態にある。

図13　平成28年度使用中学校用種目別需要数

社会（歴史的分野）			社会（公民的分野）		
平成 28 年度使用			平成 28 年度使用		
発行社	需要数	（占有率）	発行社	需要数	（占有率）
東京書籍	607,856	51.0%	東京書籍	691,233	58.6%
帝国書院	213,077	17.9%	教育出版	149,561	12.7%
教育出版	168,178	14.1%	日本文教出版	132,852	11.3%
日本文教出版	111,513	9.4%	帝国書院	122,333	10.4%
育鵬社	75,238	6.3%	育鵬社	67,194	5.7%
清水書院	9,267	0.8%	清水書院	16,738	1.4%
学び舎	5,704	0.5%	自由社	441	0.0%
自由社	567	0.0%			
8 種	1,191,400		7 種	1,180,352	

文科省2015年10月発表

2015年1・5倍に増えた育鵬社は

育鵬社教科書（**写真2**）は、2011年のシェア（市場占有率）を歴史3・7％、公民は4・0％にまで伸ばし、さらに昨年2015年は歴史6・3％、公民5・7％まで、各1・5倍前後の大幅増を果たした。一般の教科書会社と比較すると、最下位の清水書院を大きく引き離して業界第5位だ（**図13** 平成28年度使用中学校用種目別需要数）。

育鵬社の教科書がどんな内容であるかを、憲法問題から見てみよう。**図14**の歴史教科書の明治憲法（大日本帝国憲法）の箇所がある。天皇が首相に「手渡」す欽定憲法であることを示す絵とともに、その右には「憲法発布を祝う人々」の錦絵を載せ、「各地で祝賀行事が行われ、自由民権派も新聞も憲法発布を歓迎した」と解説している。本文には、「この憲法は、アジアで初めての本格的近代憲法として内外ともに高く評価されました」ともある。

❶大日本帝国憲法《だいにほんていこくけんぽう》の発布《はっぷ》(1889年)　皇居正殿《こうきょせいでん》での式典で明治天皇《めいじてんのう》が黒田清隆首相《くろだきよたかしゅしょう》に憲法を手渡《てわた》している。(憲政《けんせい》記念館蔵《ぞう》)

❷憲法発布を祝う人々　憲法の成立を祝い，各地で祝賀行事が行われ，自由民権《じゆうみんけん》派《は》も新聞も憲法発布を歓《かん》迎《げい》した。(東京《とうきょう》都立中央図書館蔵)

55 大日本帝国憲法《だいにほんていこくけんぽう》の制定と帝国議会《ていこくぎかい》

憲法はどのようにしてつくられ，どんな内容だったのだろうか。

大日本帝国憲法の発布《はっぷ》

ヨーロッパに派遣《はけん》された伊藤博文《いとうひろぶみ》らは，プロイセン(ドイツ)やオーストリアの憲法《けんぽう》学者のもとで学びました。伊藤は日本人自《みずか》らの手で日本の歴史に根ざした憲法をつくる必要性を強く感じました。

図 14　　育鵬社教科書『新しい日本の歴史』より

ところで清水書院は、右の錦絵と同じものを載せているが、ドイツ人医師ベルツの日記が、「東京全市は……言語に絶したさわぎを演じている……だがこっけいなことには、だれも憲法の内容を知らないのだ」と記したことを紹介している。自由民権運動を進めてきた中江兆民も、「(兆民)先生、嘆じていわく……(天皇から)賜与《しよ》せらるるの憲法、果たして如何の物か。玉や、はた瓦《かわら》や。いまだその実を見るに及ばずして先ずその名に酔う。わが国民の愚にして狂なる、なんぞかくなるやと。憲法の全文到達するに及んで先生、通読いっぺん、ただ苦笑するのみ」(幸徳秋水『兆民先生』)と嘆いた。「内外ともに高く評価されました」というのは一面的であろう。検定官は何をしているのか?

重大な虚偽を描く教科書

この帝国憲法は、主権が天皇にあり、その天皇は軍隊への統帥権《とうすいけん》をもち、「万世一系」の天皇を中心とした歴史観と教育勅語に象徴される教育および政教一致の体制に支えられ、また自らそれらを生み出すものだった。日本会議がこれを高く評価していることは、彼らが推進してきたさまざまな運動（図**06**・22ページ）が、実は、帝国憲法下の旧体制へ近づけようとするものらしいことから分かる。したがって育鵬社の歴史教科書も、戦後の日本国憲法について、次のように書く。

「ＧＨＱは、日本に対し憲法の改正を要求しました。日本側は、**大日本帝国憲法は近代立憲主義に基づいたものであり、部分的な修正で十分**と考えました。しかし、**ＧＨＱは……全面的な改正案を作成して、これを受け入れるよう日本側に強く迫りました……議会審議では、細かな点までＧＨＱとの協議が必要であり、議員はＧＨＱの意向に反対の声をあげることができず、ほとんど無修正のまま採択されました。**……占領が終わり、わが国が独立国家として国際社会に責任ある立場に立つようになると、憲法改正や再軍備を主張する声があがりました」

ここでも〝大日本帝国憲法のほうがすばらしい〟、日本国憲法は「押しつけ」であったと強調する。とくにゴチック後半の箇所は、すでにみた日本会議のチラシと同じ主張である。ただ、「天皇の身体の保証《ママ》はできない」の箇所はここにない。チラシが嘘であることを、彼らも認めているのだろう。

そして、ケーディスの証言（59ページ）にあるように、ＧＨＱは、日本での憲法に関する国会審議の過程に直接口出しをほとんどしなかったし、議会の手により無数の修正がなされたことから（図**09**・44ページ）、育鵬社教科書は重大な虚偽を書いている。文部科学省の検定官たちは、少なくともこの虚偽を修正する力のない人たちか、もしかしたら偏った考えの人たちであることが分かる。

そして右の「歴史」教科書は、最後の箇所で、日本国憲法が改正を必要とするものであることを示唆

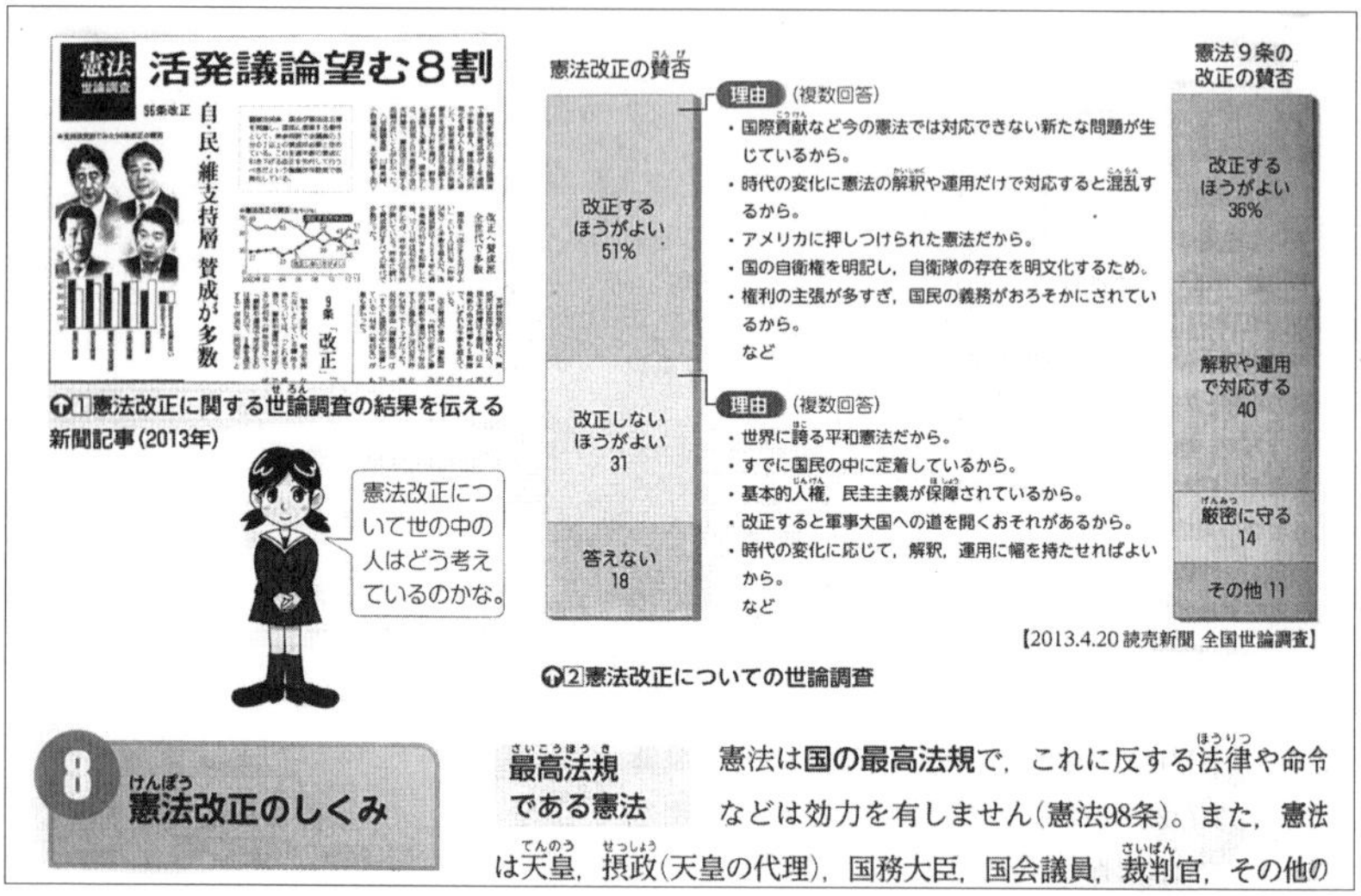
憲法 世論調査 活発議論望む８割

96条改正 自・民・維支持層 賛成が多数

9条「改正」

①憲法改正に関する世論《せろん》調査の結果を伝える新聞記事(2013年)

憲法改正について世の中の人はどう考えているのかな。

憲法改正の賛否《さんぴ》

改正するほうがよい	51%
改正しないほうがよい	31
答えない	18

理由（複数回答）
- 国際貢献《こうけん》など今の憲法では対応できない新たな問題が生じているから。
- 時代の変化に憲法の解釈《かいしゃく》や運用だけで対応すると混乱《こんらん》するから。
- アメリカに押しつけられた憲法だから。
- 国の自衛権を明記し，自衛隊の存在を明文化するため。
- 権利の主張が多すぎ，国民の義務がおろそかにされているから。

など

理由（複数回答）
- 世界に誇《ほこ》る平和憲法だから。
- すでに国民の中に定着しているから。
- 基本的人権《じんけん》，民主主義が保障《ほしょう》されているから。
- 改正すると軍事大国への道を開くおそれがあるから。
- 時代の変化に応じて，解釈，運用に幅を持たせればよいから。

など

憲法９条の改正の賛否

改正するほうがよい	36%
解釈や運用で対応する	40
厳密《げんみつ》に守る	14
その他	11

【2013.4.20 読売新聞 全国世論調査】

②憲法改正についての世論調査

8 憲法《けんぽう》改正のしくみ

最高法規《さいこうほうき》である憲法 憲法は**国の最高法規**で，これに反する法律《ほうりつ》や命令などは効力を有しません（憲法98条）。また，憲法は天皇《てんのう》，摂政《せっしょう》（天皇の代理），国務大臣，国会議員，裁判官《さいばん》，その他の

図 15　育鵬社教科書『新しいみんなの公民』より

し、それを引き継ぐ「公民」教科書は、次のように、さらにチラシの主張へと近づける。

日本会議の宣伝チラシ化する「公民」教科書

図15がそれだが、冒頭で憲法改正へ向かう流れが「賛成多数」であると新聞記事で示し、中央の「憲法改正の賛否」では、「改正するほうがよい」の理由に、チラシと同じ「アメリカに押しつけられた憲法だから」「自衛隊の存在を明文化するため」と書き込んでいる。欄外にはさらに**図16**のような表を載せ、日本は「無改正」（チラシでは「0回」）としている。日本会議の意図がストレートに反映された教科書であることがよく分かる。

悪質なのは、**図17**の各国の憲法改正要件の比較の表だ。アメリカ、ドイツでの議員の賛成は「定足数＝過半数」の3分の2などとし、一読すると議員総数の3分の1でも改憲が可能、と誤解しがちの表記にしている。つまり、日本の要件である3分の2

国　名	制定年	回　数
ドイツ	1949	53
アメリカ	1787	18
フランス	1958	18
イタリア	1947	14
韓《かん》　国《こく》	1948	9
中　国	1982	4
オーストラリア	1900	3
日　本	1946	無改正

【三省堂『新解説世界憲法集』，各国大使館への調査（2009年5月現在）】

3 各国の憲法改正回数　各国では必要に応じて比較《ひかく》的頻繁に憲法の改正を行っています。

図16

	議会の賛成	その他の条件
日本	両院（総議員）の3分の2	国民投票で過半数
アメリカ	両院（定足数※＝過半数）の3分の2	4分の3の州議会
ロシア	両院（総議員）の5分の3	憲法制定議会の3分の2（または国民投票）
フランス	両院（定足数）の過半数	国民投票で過半数（または両院合同会議の5分の3）
ドイツ	両院（定足数）の3分の2	なし
イタリア	両院（定足数）で2回の議決，2回目の議決は各議院の議員の絶対多数	（ただし，50万人以上の有権者などの要求があれば国民投票）

※定足数：議会が議事を行うために必要な最小限度の出席者数。

6 主な国（二院制）の憲法改正要件の比較

図17

は、ずいぶん厳しい条件であるように読める。ところが欄外の＊印以下を読むと、これは出席議員数が議会の成り立つ最低条件（過半数）の場合を示している。嘘を書いているわけではないが、憲法改正という重要な議題が提出されている議会を、多数の議員が欠席するなどということは通常ありえない。誤解を誘導している記述とみられても仕方ないだろう。

右を念頭に入れてアメリカの憲法改正要件をよく読むと、「その他の条件」の欄に「4分の3の州議会」「国民投票で過半数」の賛成とあり、日本といずれ劣らぬ厳しさであることが分かる。子どもたちにこうした誤解を与えるような記載のあるものが、教科書としてふさわしいかどうかは明白だろう。これをチェックできなかった検定官は非難されるべきである。

育鵬社の歴史・公民教科書の問題点は、憲法に限られるものではない。戦争遂行のためのソフトウェアとしての性格を、他の面でも十分すぎるほど備えている。ただ、残念ながら紙幅の関係から、全般的な検討は、すでによい刊行物が多数出ているので、そちらへゆずり、先を急ごう。

第5章◉育鵬社は大阪でどのようにして大量採択を実現したか?

育鵬社教科書採択の増加に占める大阪の位置

日本会議のさまざまな活動について批判的に書いてきた。だが、その集会に参加した人に聞いてみると、「ほんとに人の良さそうな、近所にいる普通のおじさん、おばさんたちがいた」という反応が返ってくる場合がある。

それはその通りだ。日本会議は、地元の神社に組織された日本的風土のなかに育った人たちを末端の構成員とし、その核となる部分のカルト的体質については、外部から分からないように固くプロテクトをかけているからだ。

しかし、彼らがその素顔を見せるときがある。「普通の日本人」の礼儀正しさや温厚さ、そして優しさは、たしかに通りすがりの外国人にさえ好印象を与える。ところが、日本人が本当に優しく礼儀正しいのは「身内」に対してだけであり、「よそ者」に対しては、違和感を抱きがちである。時としては「他者」なら何をしても許されるという倫理の二分法がある。難民の受け入れ人数が国際比較しても極端に少ないのが日本であるし、そうした傾向を歴史的に表してきた代表が部落差別である。私は、その歴史研究を重ねてきたが、講義で「部外者への日本人の冷たさ」を指摘すると、とくにアジア系の留学生たちは喝采をする。彼らも日本人社会のなかで、その冷たさに泣かされてきたからである。

日本会議の中核にいるカルト的メンバーも、危機に陥ったときは、温和な宗教者から豹変し、その素顔を見せるときがある。本書第2章で彼らの暴力的な姿を紹介したが、私が最初に体験したのは「新しい歴史教科書をつくる会」が２００６年に分裂するときの、藤岡派へのデマなどのあくどさだった（上杉／２００６）。そしてまた今年になり、彼らが教科書運動で昨年、大きな不正をしていたことが、次々とあきらかになった。

昨年２０１５年の採択において育鵬社は、全国で採択数を1・5倍へ増やしたが、その増加分は歴史が2万７４２7冊、公民は1万８６２5冊だった。このうち大阪府内での新規採択分が、大阪市・泉佐野市・四條畷市・河内長野市の4市で、合計すると歴史1万９９１０冊、公民2万８１０冊にもなる（河内長野は公民のみで、歴史は不採択だったため、数値に差がある）。これは、全国における育鵬社増加分のうち、歴史は73％を大阪府が占め、公民は１１２％、つまり他で減少した分まで大阪府が補ったことになる。

とくに大阪市では、歴史・公民それぞれ1万８３１０冊の大量採択であった。ここまで大きな採択数は、他に横浜市の2万７０００冊があるだけだ。

教科書の採択を決める3要素

2015年の大阪府内の育鵬社教科書の採択活動を分析することにより、日本会議の日常活動の実態を紹介しよう。ただ、大阪の事例紹介に入っていく前に、あらかじめ知っておいていただきたいことがある。それは教科書が文部科学省の検定を通過したあと、どのような手順で子どもたちに手渡されるのか、ということである。地方自治体が設立する義務教育の小中学校は、教育委員会の管轄下で各教科について1種類の教科書を選び、国庫予算から無償で子どもたちへ手渡すことになっている。私立の場合は、学校単位の採択となるが、これは少数にとどまる。

問題は、多数を占める公立学校の教育委員会が管轄する採択の場合、何が決め手になるか、ということである。最大の権限は、各自治体における教育委員会自身にある。その教育委員は、自治体の首長が議会の同意を得て任命する。また教育委員会が教科書を採択するまでに、教科書展示会を開いて各教科書について住民アンケートをとり、また学校教員への調査も上げさせるなどして意見を集約したうえで、教科用図書選定委員会などを開き、その答申を教育委員会へ上げる。そのうえで1種の教科書が選定される手順になる。

したがって、教科書採択に関する働きかけは、大きく見て三方向から寄せられることになる。順序を変えて住民サイドからみると、

①市民や学校現場から上げられていく声・意見

②選定委員会や教育委員会への働きかけや送り込み

③教育委員を任命する首長からの圧力である。

各自治体における教科書採択の実態は、この3つの方向からの力が交差し、拮抗して進むことになる。いちおう「教育は、不当な支配に服することなく」（教育基本法第16条）独立して行なわれることになっているが、実態は各方面からの影響に不断にさらされ、時として「支配」しようとする力に直面する。そこに、本書がテーマとする勢力による「支配」も起こりうるのである。

全国最大の日本会議支部が東大阪市に

実は、大阪府内の場合、すでに4年前の2011年、東大阪市が公民教科書のみ4000冊あまりを採択している。そして昨年も継続して採択したため、今回の大阪府内の採択総数は、77ページの公民2万810冊に4180冊を加えなければならない。この東大阪市の採択には、日本会議が動いた。

東大阪市は、大阪府内で3番目に多い人口（大阪市と堺市に次ぐ）50万人を擁し、大阪市の東側に位置し、さらに奈良県へ接している。花園ラグビー場があることで知られるが、中小企業の町としても存在感を示してきた。携帯電話の特殊部品や人工衛星を作る高い技術をもつ小さな会社が多いことで注目される。

東大阪市に日本会議が発足するのは2006年である。日本会議が、大阪に府本部を開いたのは全国結成の翌年の1998年で、早い立ち上げだったが、東大阪での設立はその8年後、第1次安倍政権時代のことになる。東大阪市を中心に、その南部に接する八尾市・松原市・柏原市も合わせて「中河内《なかがわち》支部」を、東大阪にある枚岡《ひらおか》神社という古い神社の宮司が支部長に就いて結成した。

２００６年12月、東大阪市内で開かれたその結成集会には２５０人が参加し、支部会員が５００人に達したとの報告がなされた。これは、全国最大規模の日本会議の支部の誕生だった。他の役員として八尾市にある恩智神社の宮司が事務局長となり、東大阪市と八尾市の商工会議所の副会頭・会頭なども名を連ねた。加えて地元の塩川正十郎・元衆議院議員や市議会議員なども役員となり、教育基本法の改正が近づいていることもあり「教育改革」を支部の運動方針と決めた(『日本の息吹』２００８年12月号)。

東大阪市にひるがえる「日の丸」

東大阪市長の野田義和は、２００７年に現職の共産党市長を僅差で破って当選したが、4年後の中学校教科書採択の年にあたる２０１１年は、秋に選挙を控えていた。このため、日本会議・中河内支部の票を取り込むとともに、その交換条件として、育鵬社の公民教科書を採択させたと噂されている。

育鵬社の公民教科書が採択され、さらに野田市長が再選された後の同年11月3日、東大阪の枚岡神社周辺には、数え切れないほどの日の丸の旗が、それらを祝うかのように林立した。旗を配ったのは、同神社の宮司で中河内支部長の中東弘であった。

東大阪市のもう1つの特徴として、在日韓国・朝鮮人や被差別部落、貧困層などが多く、教育現場では人権問題に熱心に取り組んできた歴史がある。そこへ育鵬社の教科書が突然降って湧いたように採択されたことから、強い反発が起きた。教育委員会は、さまざまな批判を受け、次の採択については次第に消極的となっていった。

しかし、野田市長は積極へと転じていく。翌2012年、日本会議が主催する「日本教育再生機構・大阪」の総会で講演し、東大阪市では「教育委員会に情報を上げる選定委員会という組織が、かなり偏った考えの者で構成されているので、そこから改めなければならない」と発言した。これは2011年の採択時、東大阪市の選定委員会が抵抗し、育鵬社の教科書を第四位の補欠扱いで答申させたことを指している。

野田はさらに、日本会議主宰の「教育再生首長会議」(22ページの**図06**欄外を参照)の幹事に2014年6月就任し、再採択へ向けて体制を固めていく。それは、前述したように、教科書選定委員会そのものの構成を変えることであった。「保護者」枠があるので、日本会議関係者をそこへ入れることは可能だったが、彼の念頭にあった人物は、すでに子どもが中学校を卒業して、保護者でなくなっていた。そこで規定を「保護者等」へと変更させ、彼を押し込んだのである。彼の名前を仮にYとしておこう。枚岡神社の氏子の中心人物のひとりだった。

Y委員の退席騒ぎ

元保護者のYとともに3人の保護者代表も加わり、2015年の東大阪市の教科用図書選定委員会が5月12日から3回開かれている。公開された議事録によると、保護者関係4、学校関係4、教育行政4、合計12人の構成である。学校関係は半数が校長、半数が指導教諭である。この審議の中で、Yは現行の育鵬社教科書にこだわり、それを推薦する発言を繰り返したが、歴史・公民とも様々な問題があるとして選定委員会としては推さないことが決まる。

それについて『正論』の取材班が執筆した、2015年11月号の「言語道断！　東大阪市で育鵬社教科書採択阻止を謀《はか》った者の正体」という記事がある。「『育鵬社排除』という思惑」が露骨な主張があった、と批判しているが、公開されている議事録全体を冷静に読んでみると、かなり公正な議論がなされたことがわかる。

しかし、教科用図書選定委員会の答申から育鵬社が歴史・公民とも外されたことが、その3日後の会議で問題となる。異議を唱えたのはY委員であった。会議の冒頭、「ちょっと問題提起があります」として次のように述べた。

「文科省は今年の4月7日（の通知）に……採択には広い視野からの意見を反映させるために保護者の意見を踏まえた調査研究の充実に努めること、と述べられております……（しかし）保護者の意見を聞こうという意識が感じられない……このような選定委員会は文科省の通知違反ではないかと感じます」

これに対し委員長が、当日審議予定の地図の検討に入りたいと、歴史・公民の議論を後に回そうとすると、Y委員は続けた。

「我々は話したくないんです。答えてください。なぜ排除したのか」

4月7日の文科省の通知によると、たしかに保護者の意見を踏まえることも書いているが、その前に、学校の調査員の選任体制を充実させるなど、調査が「一層充実したものとなるよう務めること」とも書かれていて、保護者のみの意見を大切にしろとも、第一に聞け、とも書いてはいない。Y委員の「ごり押し」とでも言うべき行動だった。

委員長は、「前の議事録を全部（文字に）起こしていけば分かると思います」と返すが、無視してY委員は強引に自分の主張を曲げない。そして、「今日は退席させてください」と言う。委員長が、「……少しお待ちください」と制止し、時間をかけて説得するが、Y委員は応じず、最後は委員長からの質問に窮し、「……話す気がありませんので、退席させてください」と3人の保護者を連れて会議室を出ていってしまった。

教育への不当な介入

この選定委員会直後から、東大阪市教育委員会のメンバー5人と事務方へ、野田市長から次々と電話がかかり始めたという。どのような内容だったか、その詳細を知るよしもないが、その内容は、1カ月後の7月27日に開かれた教育委員会の臨時会から推測される。

まず選定委員会の委員長から、答申があったことを報告するとともに、「教育委員会で調査した中には、現在使用している教科書を使用してほしいという意見もございましたことを申し添えておきます」と、選定委員会でのY委員の主張を事実上紹介するところから会議が始められた。

5人の教育委員のうち酒井委員が、「……それほど差がないというか、**現行のまま**であえて変える必要はないかなという判断です。育鵬社です」と、教科書の内容に関する判断根拠も示さず「現行のまま」という結論だけ出した。教育委員長は、それに質問さえしない。それ以外の委員も、「現行」を繰り返す。

「私はどの教科書というのは決められなかったというのが実情です。本当にどの教科書を選んでいただいてもいいなという風に考えております……**保護者の方が現行でと言うのであれば現行でも構いませんし**、他のと言うのであればそちらでもいいと思っております」（神足委員）

「突出して非常に教科書の記述に特色があるかと言えば、そういうことはないと判断をいたしましたので、**現行の教科書**でよろしいのではという他の委員の方と同じ考え方をしております」（堤委員）

「私自身も、いろんな思考・判断・表現等で、**現行の教科書**で行かせていただこうと思っております」（乾委員長）

こうして、4人の委員がすべて「保護者等」のY選定委員が主張した「現行」基準（？）に応じたのである。教育委員とは、法律により「人格が高潔で、教育、学術及び文化に関し識見を有するもののうちから」地方自治体の首長が任命することになっているが（地方教育行政の組織及び運営に関する法律）、選ばれるほうの問題か選ぶほうの問題かは決めがたいとしても、これに反対したのは、西村教育長のみであった。

彼は、生徒たちが主体的に学習できる教科書であること、創意工夫がある、国家・国旗・領土問題でも充実した記載があるなどの理由を具体的にあげ、教育出版を推した。しかし、4対1で公民教科書は育鵬社に決した。野田市長が押し込んだ「保護者等」の意見に多数が異論なく従い、「現行のまま」という教育外の支配が貫徹したのであった。

育鵬社を支持するヘイトスピーチ

東大阪市の育鵬社採択を考えるとき、もう1つ忘れてはならないのは、人種差別団体が、教科書選定委員会で社会科審議の行なわれる前日の6月22日から、東大阪市の中心にある布施駅前で2週間にわたり、ヘイトスピーチを行ったことだ。その団体とは、かつて「在日特権を許さない市民の会」（在特会）として徳島県教組を襲撃し、威力業務妨害罪で逮捕され、懲役2年・執行猶予5年の判決を受け、その後同会から離れた女性メンバーが中心となっており、「現代撫子倶楽部《なでしこくらぶ》」を名乗っている。彼女は、育鵬社の教科書に反対しているのは在日韓国・朝鮮人であるとスピーカーで叫ぶ。それに対抗して抗議する人たちもいたが、翌23日、次のように演説した。

「東大阪市民の良識ある皆さん……育鵬社・自由社の教科書で日本の子どもたちを守ってあげていただきたい……嘘ばかり書かれている教科書で日本の子どもたちを学ばせてはならない。南京大虐殺もなかった、そして従軍慰安婦強制連行という事実もなかった……ここは日本、ここは日本。在日韓国・朝鮮人、反日的な在日韓国・朝鮮人の居場所はございません。ここは、何度も言いますが、日本でございます。日本に居ていいのは、良識ある日本人と、良識ある在日韓国・朝鮮人のみであり、あなたがたのように息を吐くように嘘をつくような在日韓国・朝鮮人の方々にはお引き取りを願いたい。ここは日本、ここは日本」

ヘイトスピーチの行動期間中、現代撫子倶楽部は、日本会議のホームページからとった憲法改正のチラシを撒き、そことの繋がりを示した。ただ、育鵬社だけでなく自由社の支持も訴える点で、関西地域の右翼活動家たちにおいては、在特会周辺までを含む幅広い層が連携を取り合っていることをうかがわせた。そして、ちょうどそのころ、レイシズム（人種差別主義）のフェイスブックに書かれた差別記事に、他ならぬ野田市長が「いいね！」と送っていることが判明し、問題となった（市長は、誤操作によると弁明し続けている)。

ところで育鵬社の公民教科書は、曾野綾子の次のような文章を、目立つ形で載せている。「人は一つの国家にきっちりと帰属しないと、『人間』にもならないし、他国を理解することもできないんです。『地球市民』なんていうものは現実的にありえない」(13ページ)。

ここに在日韓国・朝鮮人が含まれることは明白だ。そうした育鵬社の人種差別主義がヘイトスピーチと結びつき、彼らを教科書運動へ引き込んでいるとみることができよう。

議員連盟の名簿からわかること、わからないこと

さて、視点を大阪市内へと移そう。多くの読者は、大阪市が育鵬社を採択したとすると、その主体は「大阪維新の会と日本会議の結託」と考えるだろう。だが、事態はそう単純ではない。たとえば、日本会議は、議員連盟を国会や地方議会に持っているので、その名簿から、維新議員への影響力をある程度判断することはできる。その結果、「安倍政権の閣僚の○%が日本会議国会懇談会のメンバー」とか、日本会議地方議員連盟の「大阪市議会の占有率は○%」などとまとめる場合もある。

ところが、議員連盟の会費は高額なものではない。つきあいで入る場合もあれば、票欲しさから議連に加盟する場合もある。また議連自体に、活発なものもあればそうでないものもある。たとえば、日本会議に近い国会議連に「神道政治連盟」などがあるが、会員数は日本会議の議員懇談会より多いものの、活動量は比較にならないほど小さい。

また、議員が属している党の決定と議連の方針が対立すれば、多くの場合、議員は党の決定に服す

る。つまり、たんに議員連盟に加わっているかどうかや党や政府の中の「占有率」からは、「おおまかな傾向」を判断することしかできない。とくに大阪では、維新と自民党は激しく対立してきたが、日本会議の地方議員連盟に所属している割合は、自民党のほうが10ポイント程度高いところで、両者ほぼ肩を並べている。

ただし、議連に属する議員の中には、議連の立場から逆に、自分の属する党全体を積極的に動かそうとするアクティブな議員もいる。そうした議員が誰であるかの判断は、個々の議員の活動内容をかなり詳しく調べることによってしか判断できない。19ページの表を「活動的なメンバー」としたのは、そうした議員に注目していただくためである。

大阪維新と安倍首相の接触の始まり

大阪維新の会が日本会議と組織として接近するのは、2009年から2012年までの民主党政権時代が終わろうとする時期のことである。10年の「大阪維新の会」の立ち上げを実質的に支えたのは、当時大阪府議会の自民党議員だった松井一郎(現在の府知事)であった。

大阪の自民党は、かつて反吉田茂路線に立つ岸信介や鳩山一郎など自民党内タカ派の流れをくむ清和会(現清和政策研究会)。会長には、その後、福田赳夫・安倍晋太郎などが着任し、現在は細田博之)の拠点の1つだった。現首相の父親・晋太郎が会長をしていた時代に大阪では、塩爺《しおじい》こと塩川正十郎や中山太郎(衆議院憲法調査会の初代会長)などがいた。しかし2003年に塩川が引退すると、大阪での清和会の影響力は衰え、浄土真宗の僧侶でもあり「守旧派」と悪しざまに呼ばれた谷川秀善などの指導体制となった。これに不満を持つ勢力として松井一郎などが登場し、2008年10月に「自民党大阪府連ローカルパーティー」を立ち上げた。半年後には橋下徹に協力して自民党から6人で独立し、会派「自由民主党・大阪維新の会」を旗揚げ、これが橋下を頭に据えて10年に結成したのが「大阪維新の会」である。松井は、その組織の中心、幹事長だった。したがって、大阪維新の実体とは、自民党右派であったことになる。

12年に入ると、清和会中央も、秋の自民党総裁選へ向け、町村信孝（守旧）派と安倍晋三（改革）派に分かれ対立した。そうしたなか、府知事に就任したばかりの松井一郎が安倍と、公の場で初めて接触する。同年の2月26日のことだった。それは、日本教育再生機構・大阪が主催する「教育再生民間タウンミーティングin大阪」（会場は大阪市立こども文化センター）と銘うつ日本会議の集会であった。

この集会で松井と安倍は考え方の一致を確認し、その後、安倍は同年9月の自民党総裁選に勝ち、12月の衆議院選挙で自民党が与党へ復帰し、安倍は首相に就任した。清和会では、守旧派の森喜朗や福田赳夫の息子・康夫が引退、安倍の主導権が確定し、今に至っている。

松井は、大阪都構想などをめぐり、何度も橋下・安倍会談をセットしてきたが、そうした関係は橋下が市長を辞めてからもつづき、現在は憲法をめぐって安倍―松井の2人は足並みをそろえている。そして、その背後にいるのが日本会議である。

大阪市教育委員に育鵬社の利害関係者

ただ、松井が知事を務める大阪府の教育委員会が育鵬社教科書を採択できる冊数は、養護学校などに限られ、きわめて少ない。多くが、市町村段階の教育委員会が採択するためだ。このなかで大阪市は２７０万人という府内最大の人口を抱えている。その首長が２０１１年12月、橋下徹になった。翌年から彼は、教育委員６人を、４年の任期が切れる順に、次々と入れ替えていった。翌12年には１人、13年に２人、14年に２人である。ところが、残ったもう１人、15年２月に任期が切れる高尾元久委員については別であった。彼は、大阪市の教育委員のうち１人を４年ごとに新聞各社（朝日・毎日・産経・読売）に順番にまわす慣例により、橋下市長が生まれる1年ちかく前に産経新聞関係者として割り当てられた人物だった。その彼を、橋下は、任期が切れるにもかかわらず、慣例を破って再任した。中学校の教科書採択が行なわれる5カ月半ほど前のことであった。

図18に高尾の経歴を掲げておくが、産経新聞に36年間在籍し、重職を歴任してきた。その後、**サンケイ総合印刷株式会社の専務取締役を経験している。この印刷会社は、他ならぬ育鵬社の教科書を印刷し**、産経新聞がその株式１００％を持つ完全子会社である。そこを辞めてから６年間、産経新聞社大阪本社の業務アドバイザーを高尾は務めてきた。

図18　高尾元久教育委員の略歴

職歴	
昭和 47年 3月	産経新聞社入社
平成 5年 7月	大阪新聞社報道部長（出向）
平成 9年 7月	産経新聞社大阪本社社会部長
平成 10年 7月	産経新聞東京本社編集局次長兼社会部長
平成 12年 5月	産経新聞大阪本社総務局長
平成 16年 6月	産経新聞社取締役　夕刊フジ代表
平成 19年 6月	産経新聞社取締役　コンプライアンス等担当
平成 20年 6月	サンケイ総合印刷　専務取締役
平成 21年 7月	産経新聞社大阪本社嘱託業務アドバイザー

大阪市議会に提出された内容から

昨年、大阪市が採択した教科書は1万8310人の中学生に手渡される。検定は4年に1回行われるので、教科書代金だけ考えても、1冊762円として、歴史と公民の2教科4年分の総額は1億1000万円以上になる。その何割もが、サンケイ総合印刷─産経新聞社へ入るのである。高尾委員は、利害当事者である。にもかかわらず、橋下市長は、彼を2015年2月21日に再任した。ただ、やましさを感じたのだろうか、再任直後の27日、産経新聞社大阪本社の業務アドバイザーを辞めたという。どこからか、問題の指摘があったのかもしれない。

だが、社会的慣例として、辞めても3～5年は利害当事者と考え、再任などしないものだ。少なくとも、自分が直接関わる教科書を採択する会議だけでも欠席するのが、教育委員の良識というものだ。採択疑惑の始まりであった。

育鵬社大量採択に向けた教育委員会の内部事情

高尾委員は、橋下が市長になった翌12年から、「日本教育再生機構」の機関誌『教育再生』に繰り返し登場するようになる。日本教育再生機構は、育鵬社の教科書作成を推進し、その執筆陣を多数提供、採択運動から見本本の販売まで行なう団体である。ただし、編集作業と発行・営業については育鵬社が担う。この育鵬社教科書の推進本部とも言うべき団体へ、教科書を採択する側の大阪市教育委員会の委員が、内側から協力を始めたのである。

『教育再生』2014年3月号では、教科書の採択を正面から取り上げ、大阪市の採択制度の改変が重要、と高尾は主張した。大阪市の教科書採択は、それまで8つの地区（政令指定都市は区分けができる）に分かれてきたが、彼はここで、次のような重要な提言をしている。

「まず、私たち（教育委員会）は採択地区を大阪市全体の1地区とすることにしました……採択基準（は）……大阪市の「教育基本」条例の理念を具体化し、教育振興基本計画を実行するために、ふさわしい教科書はどれなのか、そこがポイントになると考えています」

大阪市内では、それまで8地区に分けて採択するシステムだった。このため、大阪市教育委員会の委員6人は、各区調査委員会の意見を尊重することになり、事実上、各区の採択に口出しできなかった。しかし、1地区へ統一されたことで、6人の教育委員が直接全地区を採択する形となり、権限を吸いあげた。同年の小学校の教科書採択からこれが実施され、15年の中学校採択へも及ぶことになった。大阪市内1万8000人以上の子どもたちの教科書を採択する権限が、わずか6人に集中することになったのである。このとき橋下市長が任命した教育委員は、すでに3人、高尾委員を加えると4人になっていた。

もう1つここで重大なことは、高尾の右の提言によると、教科書採択の基準を、これから「教育基本条例」と「教育振興基本計画」としていく方向を示したことだ。「基本計画」には、たとえば「我が国と郷土の伝統と文化を尊重し……自らが育ったこの大阪を愛し、大阪にふさわしい新しい文化の創造をめざすようになること」が盛り込まれている。

育鵬社は、高尾委員から流されたその採択基準に合わせて教科書を作成したのだろうか、橋下市長が進めた別掲の入れ墨調査の新聞記事（**図19**）を、14年5月に提出した白表紙本に大きく載せている（注）。また地方議会の写真も、全国1700余の自治体のなかから、大阪市を選んで載せた（同『公民』

114ページ）。

（注）育鵬社の白表紙本に掲載されたこの新聞記事は、そのまま検定をパスしたが、検定合格後、大阪市が裁判（大阪地裁）で敗訴したためであろう、見本本の段階では削除されている。

密室採択

2015年8月5日、大阪市での中学校社会科教科書の採択日をむかえた。教育委員会は、採択会場に傍聴者を入れず、3駅離れた別会場でモニターへ映像と音声を流し、そこで見せる方法をとった。密室採択と、そこで予想される悪い結果を想定した市民は、採択会場の外で80人以上が抗議を行なった。9時45分から市立中央図書館の大会議室において委員会が始まり、参加者の中心は、決定権を持つ次の6人の教育委員であった。

大森不二雄（委員長）
林園美（委員長職務代理者）
高尾元久（委員）
西村和雄（委員）
帯野久美子（委員）

理解を深めよう

権利と権利の対立と合意

集団生活では，ときに自分の権利が他人の権利とぶつかること(対立)があり，両者のあいだで解決をはかる(合意)必要が生じます。

例えば，表現の自由のために他人の私的生活を傷つけることは許《ゆる》されません。また，社会全体の秩序や利益を侵す場合には，個人の権利や自由の行使《こうし》が制限されることもあります。各人は，公共生活を営んでいることに配慮《はいりょ》し，権利や自由を行使する必要があります。

それは，社会のルールを守り全体の調和を考える中で，個人の自由や権利は実現される，という歴史の教訓《きょうくん》に基《もと》づいたものだといえます。

↑17 大阪市の全職員への入《い》れ墨に関する調査について伝える新聞記事(2012年)

図19　育鵬社『中学校公民白表紙本』55ページより

山本晋次（教育長）

冒頭、大森委員長は、今回、教科書選定委員会から「特筆すべき点」は書いているものの、推薦順位や優劣を示さない答申をもらって採択することにしたと説明した。右の委員たちは、専門的な知識をもつ選定委員に対し、こうした「のっぺらぼう」の答申をさせてから審議に入ったのである。

アンケート数の集計報告から入る怪

採択の審議が歴史教科書へと移ったとき、奇妙な発言が大森委員長からなされた。

「各行政区に設けられている教科書センター、あるいは直接教育委員会にも、特に歴史と公民の教科書の採択について、様々な意見、要望が寄せられております……ここで**教科書センターに寄せられたアンケートの集約結果について、事務局より説明をお願いします**」

「教科書センター」には、教科書が展示されている。そこで市民からのアンケートが書かれた。その数を集約した報告から採択の審議に入るというのは異例のことだ。教育委員会会議の冒頭で報告されるのは、もっとも重視される項目であることを意味する。東大阪市の場合でも、最初に事務局が述べたのは「保護者等の意見が、よりよく反映されるように」だった。担当部長は、アンケート方式について詳しく説明したあと、次のように締めくくった。

「全体として、1901件あり、社会科の教科書に関する意見が1428件ございました。そのうち、育鵬社の発行する教科書の採択に関する意見が最も多く（1153件）ございまして、採択について肯定的と考えられます意見が約7割（779件、67・6％）、採択について否定的と考えられます意見が約3割（374件、32・4％）ございました」（括弧内は、当日聴衆全体に配布された資料から補足した）。

この報告につづいて各教育委員が意見表明に入ると、育鵬社支持を表明したのは林・高尾・帯野委員の3人であった。そして、山本教育長は「委員の多数の意見を尊重する」という他の教科でもとった彼の立場をここでも実行して育鵬社に加わり、最終的に4：2となり、帝国書院をおさえ採択が決まった。

無定見の極みとも言うべき山本教育長の票が加わったことで、一見すれば圧倒的多数で育鵬社が採択されたように見えるが、**実際は3：2の僅差だった**。まして高尾委員が利害関係者として欠席などしていれば、2：2の同数だった。橋下市長が任命し、それまで8採択区の統合などで足並みをそろえてきた委員たちだが、いざどの教科書を採択するかという段階になったとき、動揺が広がったのである。

「複数採択」のサプライズ

つづいて公民の採択へ移ると、歴史と少し異なった結果となり、かたや育鵬社、かたや日本文教出版を支持した。育鵬社は「大阪市の教育行政基本条例や教育振興基本計画」に合致していると強調するもの（高尾）、「共産主義の惨禍」を描いている（大森）、「領土問題についてわかりやすく説明している」（帯野）などだった。いっぽう、日本文教出版がよいとする理由は「中学生が興味、関心を抱いて、勉強しやすい」（林）、「挿絵・レイアウトがよい」（西村）などである。**ここでも3：2の僅差**となり、山本教育長が同じ理由で多数派に加わって4：2となり、公民も育鵬社へ決まった。

大阪市教委の採択会議は、傍聴者から遠く離れた場所で、こんな形で育鵬社の歴史・公民の教科書を採択した。念のため、各委員が支持した歴史・公民の教科書会社を挙げておこう。上が歴史、下が公民である。

大森不二雄（帝国・育鵬）
西村和雄（帝国・日文）
林　園美（育鵬・日文）
高尾元久（育鵬・育鵬）
帯野久美子（育鵬・育鵬）
山本晋次（育鵬・育鵬）

その直後、異様なことが起こった。大森不二雄・教育委員長が突如、準備していた文書を配布した。それは、今採択されたばかりの教科書の補助教材として他の教科書を組み合わせ、都合2冊を「選定」するという、サプライズの提案だった。

その文書に書かれていた理由は「採択教科書に加えて、もう1つの教科書を補助教材として活用することにより……異なる視点や多面的な見方に触れる」ことができる、とある。育鵬社だけでは一面的な見方しか育たず、偏った問題のある教科書を自ら採択したことを告白したに等しかった。

具体的に大森は、歴史は帝国書院、公民は日本文教出版を副教材として使用することを提案した。これに真っ先に賛成したのが、育鵬社を推してきた高尾委員であった。

「再三単純な思考に陥らないように多角的な観点が必要であると申しあげてきましたので」

育鵬社教科書の採択運動

「勤務先で強要され苦痛」

在日韓国人女性、大阪で提訴

2) 各教科書展示会場にアンケート用紙置いてあると思いますが、中学校、高校のアンケートは別々に書かれたほうが良いと思います。

・市長や教育長にお手紙を書かれたり、FAX、メールをされたり、又会いに行かれたり、あるいは教科書アンケートに行かれる場合は、勤務時間中にしていただいて結構です。この件は子供達、日本の為ですので、せめて子供達には良い教科書を使ってあげたい!!と強く強く思っております。

市長や教育長の方にお手紙やメール、FAXをされました方は、私（会長）のみで結構ですのでご報告して下されば、ありがたく思います。

「新しい歴史教科書をつくる会」の元幹部らが編集した育鵬《いくほう》社の中学教科書をめぐり、勤務先から採択推進運動に協力を求められ苦痛を受けたなどとして、東証1部上場の不動産大手・フジ住宅（大阪府岸和田市）で働く在日韓国人の40代女性が31日、会社側に慰謝料など3300万円の賠償を求める訴訟を大阪地裁岸和田支部に起こした。

女性は2002年からパート社員として勤務。訴状によると、社内では一昨年ごろから中国や韓国を批判する書籍や雑誌記事のほか、それらを読んだ社員が「中国、韓国の国民性は私も大嫌い」などとする感想文のコピーがほぼ連日、フジ住宅の会長(69)名で社員に配られたという。

今年5月には、太平洋戦争について「欧米による植民地支配からアジアの国々を解放」するとの目的が掲げられた点などを強調した育鵬社の教科書を称賛する文書を配布。各地の教育委員会が採択するよう、社員が住所地の市長や教育長らに手紙を書き、各教委の教科書展示会でアンケートに答えるよう促し、「勤務時間中にしていただいて結構です」と書き添えていた。

原告女性は、社内文書について「（韓国人は）利己的な人が多い」「嘘が蔓延している民族性」など差別的表現が多いとし、提訴後の会見で「偏見で社内が盛り上がっていくのが怖かった。私のような存在の居場所がなくなる」と心情を説明。会長が社員に採択運動への協力を求めることは事実上の強要であり、憲法が保障する人格権の侵害だとして、会社と会長には賠償責任があると訴えた。

フジ住宅は「訴状が届いていないのでコメント致しかねる」としている。

育鵬社の教科書の全国シェアは今年度、「歴史」「公民」とも業界5位の約4%だったが、今夏、大阪市や横浜市など都市部で年度用に相次ぎ採択され、さらに伸びるとみられる。原告側によると、フジ住宅の社員らが実際に手紙を送ったとみられる自治体は関西に40以上あるという。

（阿部峻介）

㊤会長名で社員に配られた文書
㊦提訴後の会見で「精神的苦痛」を訴える原告女性(左)＝31日、大阪市北区

図20『朝日新聞』 2015年9月1日

と言うのだ。しかし、帯野委員は1人反対した。

「1種ごと1冊の教科書を採択するという制度である以上……責任をもって1冊を採択するべきではないか……先生方に2冊の教科書を渡して、はたして現場で消化できるのか」

「1種ごと1冊の教科書を採択する」ことは、「義務教育諸学校の教科用図書の無償措置に関する法律」第13条が明確に規定していて、2冊採択するのは法令違反である。ただ、同法がそうしているのは無償措置のためにそうするのだし、この場合は教科書ではなく副教材としての使用であり、その費用を大阪市が負担するのであれば問題ない、という弁解も準備されていたかもしれないが、そうした考えに対しても、帯野委員は右で学校現場が消化できないと明確に批判している。

だが、最終的に彼女を除く他の委員5人全員がこの措置に賛成し、実質的に2種類の教科書採択が決まった。

8月5日に行なわれたこの教育委員会を、なぜ密室にしたのか、なぜ教科書センターのアンケートで7割も育鵬社へ支持が集中したのか、多くの謎があった。疑問は募るばかりだったが、アンケートのか

らくりに光が当てられたのは、採択から5カ月以上たった16年1月の半ばのことである。

大阪市から南へはるか離れて岸和田市はある。だんじり祭りで知られ、また数年前にはＮＨＫの朝ドラで、コシノジュンコたちを育てた母を描く「カーネーション」の舞台となった町に、社員１１３０人を抱える不動産会社、フジ住宅（東証1部上場）がある。

２０１５年8月31日、そこで働く在日韓国人３世の女性が、会社幹部から育鵬社の採択運動を強要される苦痛を受けた、また韓国人を蔑視する文書が大量に社内に流される「ヘイトハラスメント」があったとして、慰謝料請求の裁判を大阪地裁岸和田支部に起こしたのである（**図20**の朝日新聞記事）。その裁判を支える会は、社員を会社が組織動員し、大阪市内の教科書展示場でアンケートに記入をさせるなど、不正に育鵬社教科書の採択運動をさせた証拠資料を大量に所持していた（これらは現在、ＷＥＢ上で「フジ住宅内部資料」で検索すれば原文を読むことができる）。

またも日本会議の暗躍

訴えられたのはフジ住宅の今井光郎《みつお》会長、会社のトップである。今井は、日本会議の構成参加団体である倫理研究所の法人会員がつくる「倫理法人会」の法人代表でもある。倫理研究所とは、宗教団体の体裁こそとっていないが「ひとのみち教団」の流れをくむ宗教団体である。近い系列にあるＰＬ教団の十分の一程度の信者しかいないが、法人は約６万５０００社以上もあるといわれ、企業の従業員教育などを通して広がりをもつ。モーニングセミナーと称し、早朝6時半から研究所の小冊子を大きな声で読まされる動画が、ウェブサイトにいくつも掲載されている。

フジ住宅は、とくに会長の強い指導により、3年前から教科書問題に関わってきた。当初は大阪府南部での小学校や高校教科書の採択を働きかけるだけだったが、15年は中学校の育鵬社採択に全力をあげた。高尾委員が執筆などした「日本教育再生機構」の機関誌には、教科書運動に対し2番目に高額の資金協力をした法人としてフジ住宅が名前を連ねている（『教育再生』2015年7・8・9月号）。

フジ住宅の会長に対しては、育鵬社の教科書事業部の幹部・吉留哲也から、次のような情報が寄せられたという。今井会長はその内容を全職員に宛てて、5月末から7月初旬にかけて次のような指示文書を流した。

「教科書採択について……信頼できる私の友人（育鵬社・吉留哲也）より、現在『大阪市』については、**大阪市内の教科書展示会にて数多く教科書アンケートを記入していただければ、育鵬社に採択される可能性が高くなる**という貴重な情報をいただきました」（6月4日）

こうして、大阪市の教科書展示場でのアンケート記入活動に協力するよう要請し、その活動は、会社が費用負担するとも表明していた。

「勤務時間中でも、勿論可です。パートの方は、その間の時間給等は、日本の為に喜んで会社で出させていただきますので……」（5月30日）と。ただし、「（身に着けている）社章は……外して行ってくださいい……女性の方は（会社の制服を脱いで）私服で行って下さい」と指示し、会社として組織的に行なっていることを知られてはならないこと、不正な活動であることを吐露していた。

この文書の宛先は「全役職員各位」とし、「含む、出向者の方、契約社員、派遣社員、パートの方、マンション管理員の方全員」と付記している。総人数は1130人となる。そして協力した社員は、その報告を会長へ文書で上げ、それへの評価も含めて会長から全社員へ流す。こうして社員を互いに競わせ、全体の気運を高めていった。こうした社内文書が、以後、教科書の展示会が開かれている約1カ月間、数日おきから連日、ときには1日に4回も流される日がいくつか出てくる。

会長からの指示でアンケート用紙を持ち帰る

育鵬社と日本教育再生機構、この教科書発行における共同事業者2社によるフジ住宅への指示は、徹底したものだった。アンケートの書き方についても、教育再生機構が歴史・公民それぞれに詳細に記入例を出し、ただし「丸写しはしないで下さい。同文記述のアンケートは無効になります」と注意を示すことを忘れていなかった。

6月初旬から、社員は互いに車に乗り合わせ、大阪市内33カ所ある展示場を次々と回った。住所や名前を書く欄は大阪市の場合ないから、同じ展示場で複数枚書いてもよいし、直後に他の展示場へ行って書いても咎《とが》められることはない。しかし、より効率的に進めるため、各会場からアンケート用紙を集めて会社へ持ち帰り、あらかじめ社内で記入してから投函に行く方法を採った。各展示場の用紙は展示場ごとで少しずつ様式が異なるため、秘書室で会場ごとに分別し、置いておく方式にした。

会長は、「原本は秘書室○○さんにおわたしさせていただきます。……教科書センターに行かれる方は、○○さんに用紙をもらわれて、必要な事を先に記入されてから行かれた方が良いと判断致します」と自筆で書いた文書を6月9日、全社員へコピーして流した。

会長から、事前にアンケートを記入することを指示されて以降、社員は未記入の白紙のアンケート用紙を各展示場から持ち帰った。秘書室はその用紙を管理し、各社員は仕事の都合なども考えて行き先をまず決めてから、社内でアンケートを書き、投函に出かけた。いくつかの会場で投函を済ませると、さらに他の会場へまわって書くとともに、未記入のアンケート用紙をまた持ち帰るなどとた。

1展示場あたり持ち帰る枚数はまちまちで、数枚のこともあれば150枚前後の場合もある。こうして持ち帰った総数を、社内へ配布された大量の資料から拾い集めて合計すると、1200枚をはるかに超える。その用紙に記入して投函した記録も、217回を確認できる。1回あたりの投函数は、1枚の場合もあれば、持参したものも合わせ5枚ということもあるので、仮に平均3枚とすれば、大阪市内へ投函した総数は600枚を超え、市教育委員会のまとめによる育鵬社の支持数779件に近い数がフジ住宅の社員によるものであったと考えられる。それらの多くが、大阪市とは無関係の他地域の住人による投票だったのである。

「僅差」の情報はどこから?――すすむ真相究明

それにしても、彼らのアンケート記入活動は、なぜ大阪市へ集中したのか。それは〝現在、『大阪市』についてはアンケートが決め手になる〟という育鵬社からの情報によるものだったことは、すでに紹介した。だが、実はこれは奇妙なことだ。文科省はここ10年以上にわたり、採択の権限を学校現場から次第に教育委員会に引き上げてきた。アンケート結果も参考程度の取り扱いとしてきた。ところが育鵬社の吉留は、支持する市民のアンケート数が多ければ、育鵬社に採択される可能性が高くなるとフジ住宅へ伝えたのである。

これは、育鵬社とそれ以外の教科書を支持する票が、大阪市教育委員会内部で割れ、実質的に２：２ないし３：２の僅差になっていたからであると考えられる。とするなら、育鵬社の採択を強く希望する者としては、決定的となる方法を何か考えねばならない。しかし、学校現場の意見を新たに集めても、育鵬社を推す者は少ないはずだ。ならば、あとは市民アンケートしかない。こうして大阪市の教科書展示場へ大挙して押しかける方法が決定されたと考えられる。

その行動の最初の指示を誰が出したのか。２０１５年5月末という早い段階で、教育委員が、育鵬社とそれ以外に分かれて僅差で対立していることを知っているのは、６人の教育委員しかいないはずである。

さらに、市民アンケートを育鵬社を支持する圧倒的な数にし、それを教科書採択の決定的な力にしたいと考え、アンケートの結果を、わかりやすい数値にまとめて住民からの圧力とし（こうした集約方法は、大阪市では昨年が初めてのこと）、その報告を委員会の冒頭へ持ってくることを決めさせ、そしてアンケート結果と対立する住民の声があがりがちな傍聴方式（ヤジや怒号が起こることも）を密室採択に変更することを画策した**内部関係者が教育委員会にいた**のである。

こうすると、「大阪市の採択はアンケートによる」という極秘情報を育鵬社へ漏洩させた「犯人」は絞られてくる。育鵬社と直接に連絡できる教育委員としては、その本家でもある日本教育再生機構の機関誌へ投稿してきた人物がもっとも可能性が高い。

奇怪な点はまだ残っている。なぜ育鵬社を支持してきた委員は、副教材として他社を採択することに、真っ先に賛成したのだろうか。おそらく、アンケート重視の採択方法へと変えていくことを提案

同一文面で育鵬社「支持」
1人で10枚以上、動員か
大阪市教科書アンケート

大阪市教育委員会が昨年8月の中学社会科教科書採択で参考にするため保護者らを対象に実施した無記名のアンケートをめぐり、採択された育鵬社版を支持した回答中、1人で10枚以上記載したと疑われるケースが多数あることが23日までに分かった。文面や筆跡が似通っていた。企業の動員が背景にある可能性もあり、採択の公正さをどう担保するか議論を呼びそうだ。

市教委は採択審議冒頭、育鵬社に肯定的な意見が約7割（779件）、否定的な意見が約3割（374件）と報告した。市民団体「子どもたちに渡すな！あぶない教科書　大阪の会」が情報公開請求で回答の写しを入手。共同通信が分析したところ、育鵬社版以外を「自虐史観に満ち溢れた」と記すなど同じ文面で筆跡の似た回答が10枚以上あるケースが少なくとも8例、計118枚あった。このうち6割以上は大阪市外在住としていた。

関係者によると、このアンケートをめぐり、大阪府南部の不動産会社が会長名で従業員に育鵬社支持の回答を呼び掛ける文書を配布し、勤務時間中の社用車使用も許可。教科書展示場から用紙を持ち帰って社内に保管、同じ従業員が数カ所の会場で回答を出していた。

同社をめぐっては在日韓国人の女性従業員が、差別的表現を含む社内文書を配られたり、育鵬社の採択推進運動に参加を求められたりして精神的苦痛を受けたとして慰謝料を求めて提訴、大阪地裁堺支部で審理中。

市教委の担当者は「動員が事実なら公平公正の観点で問題だと言われても仕方ない。改善が必要かもしれない」と話している。不動産会社会長の訴訟代理人はアンケートに関し「強制ではなく不適切との認識はない。動員や呼び掛けは他団体でもあり、運動自体の否定はいかがか」と語った。

市教委によると、アンケートは昨年6、7月、市内各区計33カ所で開かれた教科書展示場に用紙を置き、2604人分を回収した。

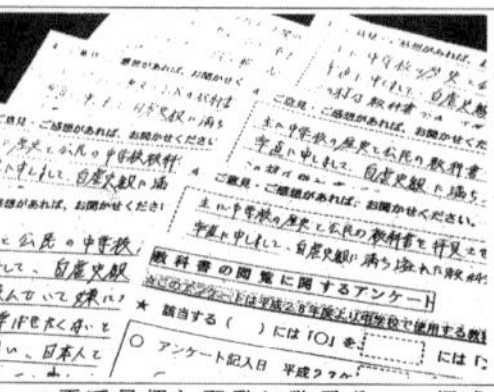

育鵬社版を支持したアンケートの回答。ほぼ同じ文面で筆跡の似たものが多数あった

調査求める陳情書採択
大阪市議会

大阪市教育委員会が中学社会科の教科書採択の参考のために実施したアンケートで、大阪南部の不動産会社が動員をかけて回答した可能性がある問題について、市教委に調査するよう求めた陳情書が、23日の市議会教育こども委員会で大阪維新以外の賛成多数で採択された。

答弁に立った大森不二雄教育委員長は、不審なアンケートの存在は採択の時点で把握していなかったとした上で「教科書採択は教育委員会の権限と責任において適正に実施された。アンケートが決め手になったことはない」と答えた。

また、「教育委員会に瑕疵《かし》はなかった」と繰り返したが、「（4年後の）次回以降のアンケートの実施方法については、見直しを検討する必要があるかもしれない」とし、他都市の実施方法について調査を指示したことを明かした。

図 21　『大阪日々新聞』2016 年 2 月 24 日

し、議論していくなかで、２つの教科書を推す勢力の間で妥協が成立したと考えられる。ただし、アンケートを重視して採択が決まれば、育鵬社の支持者にとって選定結果の安定性は確保される。委員の賛否が僅差のままでは、決定は不安定なものとなり火種を残しかねない。そして何より、育鵬社以外の教科書も実質的に採択できれば、少数意見の側も納得する。こうして、ほぼ全員（帯野委員を除く５人）の合意がなされた、と推測される。

東大阪市と大阪市の大量採択はこうして決まったが、大阪市議会から不審の声があがった。公開されたアンケート用紙から、大量の同一内容、同一筆跡の用紙が見つかったからだ（**図21**の新聞記事）。一人で24枚も25枚も書き、投函場所をすべて変えるという手の入れようだった。しかも育鵬社支持の過半数は、大阪市外からのものだった。２０１６年２月23日の教育こども委員会では「真相究明」の陳情が自民・公明・共産の手で採択された（維新は反対）。馳浩文科大臣も「育鵬社に猛省を促したい」と発言した（朝日新聞／２０１６年３月８日）。

日本会議の地方自治体の末端での活動実態は、今ようやく明らかになり始めたばかりである。

おわりに　日本会議と今後

創価学会・公明党との確執

今後の「憲法改正」について、大きな鍵の1つを握るのが「創価学会・公明党」である。最後に、「日本会議」が彼らと深く対立してきたことを指摘しておきたい。対立の背景には、戦後、急速に勢力を伸ばしてきた「創価学会」（以下「学会」）に対し、既存の宗派が信者の争奪戦で押され、反発を強めてきたことがある。

だが、もう1つの理由のほうが本質的だろう。それは「学会」が、戦争中の1944年、牧口常三郎初代会長を、天皇への不敬罪、伊勢神宮への冒瀆容疑などにより獄死させられたことに象徴される戦中体験である。いっぽうの日本会議は、戦前の明治憲法体制のもと、天皇制からの庇護と利得を保障されてきた宗教勢力につながっている。学会は、彼らから弾圧されてきた勢力なのである。互いに不倶戴天《ふぐたいてん》の敵にならないほうがおかしいともいえる。

すでに第2章で述べたように戦前・戦中の国家神道による政教一致と天皇制への著しい親和性をもつのが日本会議であった。いっぽう学会をはじめ、大本教、天理教、ひとのみち教団、キリスト教など、戦前に弾圧された教団は、戦後、その中心部分に、平和主義的な傾向を持ち続けてきた。日本国憲法のもつ平和主義や政教分離、象徴天皇制により、安泰を保障されてきたからである。たしかに右派的勢力はどこの宗派内にもいるのだが、そうした傾向にある教団のなかでは、少数派に留まっている（16ページの「宗教団体の系譜」参照）。

学会は戦後、平和運動などを行ない、公明党も平和の党を標榜してきた。牧口とともに獄中に入れられていた戸田城聖・第二代会長は、

「（獄中で）『牧口は死んだよ』と知らされたときの私の無念さ。一晩中、私は獄舎に泣きあかしました」（『戸田城聖全集』第三巻）

と七回忌法要で挨拶し、1956年になっても、

「城聖、心のかぎり、先生のあとを継いで闘争している」（同第四巻）

と述べつづけてきた。

自民・公明・日本会議の対立と均衡

1995年、自民党は、新進党へ合流した公明を押さえ込もうと宗教法人法を改正し、創価学会会長の国会招致を可能にした。これにより、公明は自民党との協力を余儀なくされはじめる。公明党は、

1999年、仕方なく小渕恵三総理と連立政権（正確には自民・自由・公明各党による自自公連立）に踏み切った。他方で、それまで自民党を支持してきた宗教団体は、「公明党・創価学会」が政権に入ることへの反発から、右派だけでなく平和主義的傾向をもつ勢力までもが自民党から離反していった。右派だけならば合わせても、「学会」の600万〜800万世帯といわれる数に及ばないが、右翼的でない立正佼成会の200万世帯（約590万人）まで合わせると、対抗勢力として十分であった。

それまで、反「公明・創価学会」の立場に立つ宗教団体は、細川・羽田連立内閣（1993年）の出現で野に下った自民党の後押しにより、「四月会」（俵孝太郎代表、〝死・学会〟と称される）を結成し、同連立政権に協力する「創価学会」への批判活動を繰り広げていた。だが、その自民党自体が、小渕政権になると態度を豹変させ、公明党と組んだのである（自・公関係は、その後も強まり、現在に至っている）。反発が激しく起こり、多くが民主党へと流れていった。それを党の窓口となり受け入れたのが熊谷弘（元民主党副代表）だった。

しかし、2001年に小泉純一郎が靖国参拝の公約を立てて総理に立候補すると、右派宗教団体はふたたび自民党支持へと復帰し、関係を修復した。熊谷は、それに合わせて民主党を離党し、保守新党の名で自民党との連立へ身を移す。背後には、彼の支持基盤となった宗教右派の民主党から自民党への大挙した流れが隠れていたのである（ただし、立正佼成会は民主党に留まった）。

この時、熊谷と行動を共にした議員に山谷えり子がいる。彼女は、サンケイリビング新聞の編集長を経て、民社党から89年に立候補したが落選、2000年の衆院選で民主党の東海ブロック比例候補に立ち当選した。当初は、夫婦別姓法案なども推進するリベラルな立場で活躍していたが、熊谷のもとで宗教右派との結びつきを強めると、２００１年には立場を翻して夫婦別姓に慎重な立場へと変わった。２００４年の参院選で比例全国区に立ち、24万票を得て当選するが、この時、支持母体となったのが、「佛所護念会教団」と「神社本庁」であった。

政治動向の分析に必要不可欠な宗教への視野

このように、政治動向を分析しようとするなら、宗教への視野を欠いては大きな誤りを犯すことになる。また平和を守るためには、彼らの中の右派の動きにきちんと対抗する必要性があるとともに、平和的傾向を持つ宗派と協力する意義の大きさもご理解いただけると思う。

日本会議を中軸とする宗教右派は、すでに第１次・第２次安倍政権と深いつながりを築き、今年２０１６年の同日選で自民党が大勝するならば、憲法を改正する段階へまで進んでいる。ただ、政権に就くということは、逆に、さまざまな試練が待ち構えているということでもある。民主党政権が沖縄・普天間の基地問題や東日本大震災と原発事故などの危機に充分対応できず、崩壊していったことを検証してみる必要がある。

宗教的な世界に浸ってきた勢力が、重い現実世界の力学に耐えて権力の中枢を担うだけの力を持てるかどうかを考えるとき、それは容易ではない、と言うほかない。戦後70年の安倍談話も「慰安婦」問題をめぐる日韓「決着」も、打撃はむしろ右派のほうに大きい。彼らが頼みとしてきたアメリカのタカ派路線は、イラク戦争での失敗を機に後退を余儀なくされ、アジアにおいても平和的関係を維持することを迫られている。

アメリカの軍事的、経済的な力は衰退するいっぽうであり、その不足を補うために日本が「アメリカの傭兵《ようへい》」として戦場へとかり出されようとしているのが憲法改正だが、それに対抗する勢力は、日本国内にもアジアにも広く存在している。日本が、ＧＤＰ（国内総生産）で２０１０年に追い越された中国と正面から対抗しつづけていくには、おのずと限界がある。日本経済が、〝爆買い〟してくれる中国の人々をぬきに安泰であることなどできないこと１つ考えても明らかなことだ。日本がアメリカと距離感を保つことは、健全なナショナリズムの立場からも必要なことだ。

そうした広い国際関係への視野をもち、日本国内の、各地域において、民主主義と平和を壊そうとする闇の勢力と、系統的に、また持続性をもって対抗していく運動を強めることが今、必要とされているのである。

1997（H9）	1月	「新しい歴史教科書をつくる会」（以下「つくる会」）設立総会
	3月	「戦争資料の偏向展示を正す会」がピースおおさかの展示是正運動
		「日本を守る会」「日本を守る国民会議」が両団体の発展的統合を決議
	5月	「日本会議国会議員懇談会」（島村宜伸会長）設立（約200人加盟）
		「日本会議」（塚本幸一初代会長）が設立
	10月	東京都平和祈念館建設計画を都議会で追及、99年祈念館建設計画凍結
1998（H10）	11月	天皇陛下御即位10年をお祝いする政府主催行事を要望
1999（H11）	8月	国旗国歌法が成立
	10月	小渕首相に外国人参政権問題で要望
	11月	「天皇陛下御即位10年をお祝いする国民祭典」開催（6万人参加）
2000（H12）	5月	日本商工会議所、稲葉興作会頭が日本会議第2代会長に就任
	9月	「新しい教育基本法を求める会」（西澤潤一会長）を設立
	10月	日本会議国会議員懇談会総会で麻生太郎が新会長（超党派で232人）
2001（H13）	6月	「小泉首相の靖国神社参拝を支持する国民の会」（小堀桂一郎代表ら）結成
	8月	小泉首相、16年ぶりに靖国神社を参拝（13日）
	9月	日本会議の女性組織「日本女性の会」（安西愛子会長）設立
	12月	日本会議第3代会長に三好達・前最高裁判所長官が就任
2002（H14）	4月	日本女性の会が「夫婦別姓に反対する国民の集い」を開催
	5月	日本会議国会議員懇談会総会で、国立追悼施設建設反対を決議
	10月	北朝鮮「拉致事件」に関して、日本会議が声明、首相官邸に要望書
		日本女性の会設立1周年の集いでジェンダーフリー教育批判を提唱
2003（H15）	1月	「日本の教育改革有識者懇談会（民間教育臨調）」（西澤潤一）設立
	8月	教育基本法改正を訴え全国縦断キャラバン
2004（H16）	1月	日本会議北海道本部がイラク派遣自衛隊を激励する集い開催
	4月	日本会議経済人同志会を設立
2005（H17）	11月	日本会議国会議員懇談会が総会を開催し、①皇室典範改正反対、②国立追悼施設反対、③人権擁護法案反対について決議
2006（H18）	3月	皇室の伝統を守る1万人大会開催（日本武道館・1万人参加）
	6月	教育基本法改正国民署名362万人、地方議会決議37都道府県、促進議連に380人が加盟
	7月	教科書を「つくる会」が「藤岡派」と「八木派」（日本会議）へ分裂
	12月	教育基本法が改正
2007（H19）	5月	憲法改正国民投票法案が可決成立
2009（H21）	9月	民主党政権（鳩山由紀夫首相）の成立で冬の時代へ
2012（H24）	12月	第2次安倍政権の成立
2014（H26）	5月	2年後の実現をめざし憲法改正運動を開始
2015（H27）	4月	日本会議第4代会長に田久保忠衛・杏林大学名誉教授が就任
	9月	安全保障関連法案が成立
	11月	「今こそ憲法改正を！　1万人大会」を武道館で開催

年表　「日本会議」のあゆみ

年	月	
1951(S26)	1月	建国記念の日制定運動始まる
1966(S41)	6月	祝日法改正により建国記念の日が制定される
1968(S43)	10月	元号法制化運動始まる
1970(S45)	11月	日本青年協議会結成
1974(S49)	4月	宗教界を中心に**「日本を守る会」**結成
1975(S50)	11月	昭和50年を祝う国民の集い開催（日本武道館）
1976(S51)	6月	日本遺族会、郷友連盟などと宗教団体が合体して「英霊に応える会」結成される
	11月	天皇陛下御在位50年奉祝中央パレード（2万人参加）
1977(S52)	9月	元号法制化を求める地方議会決議運動始める ※翌54年7月までに46都道府県、過半数の1632市町村で議会決議
1978(S53)	7月	元号法制化の世論喚起に全国47都道府県へキャラバン隊派遣を開始　各地で都道府県民会議（地方組織）を結成
1978(S53)	11月	「元号法制化実現総決起国民大会」開催（日本武道館、1万人）
1979(S54)	6月	元号法成立
1980(S55)	8月	元号法制化運動以降の国民運動（憲法改正）を訴え全国キャラバン
1981(S56)	10月	**「日本を守る国民会議」**結成（加瀬俊一議長、黛敏郎運営委員長）
1982(S57)	5月	公開憲法シンポジウムを開催（第1回、以後毎年開催）
	7月	領土領海の防衛規定を盛り込む自衛隊法改正運動を開始
	10月	「教科書問題を考える懇談会」開催、教科書の自主編纂を提案
1984(S59)	3月	新しい歴史教科書作成にむけ「歴史教科書編纂委員会」（村尾次郎代表）
1985(S60)	8月	歴史教科書編纂委員会、高校日本史教科書『新編日本史』を検定申請
1986(S61)	7月	『新編日本史』が検定合格（合格後も4度にわたる修正受ける）
1987(S62)	5月	第5回憲法シンポジウム「東京裁判を考える」
	8月	初めて靖国神社で「戦没者追悼中央国民集会」開催、首相参拝を要求
1988(S63)	5月	外務省の歴史観を批判した奥野誠亮元法相発言を支持する国民集会開催
1989(H1)	11月	「大嘗祭の伝統を守る国民委員会」（斎藤英四郎代表ら）を設立
1990(H2)	11月	「天皇陛下御即位奉祝中央パレード」を実施（12万人参加）
1991(H3)	5月	湾岸戦争をテーマに憲法シンポジウム（第9回）を開催
	10月	自衛隊掃海部隊の帰国に際して歓迎活動（横須賀、呉、佐世保）
1992(H4)	5月	天皇の中国訪問の中止を宮沢内閣に要請
1993(H5)	8月	細川内閣が成立、首相の「侵略」発言を撤回するよう要請
1994(H6)	4月	「終戦50周年国民委員会」（加瀬俊一会長）、国会の戦争謝罪決議反対
1995(H7)	2月	映画『独立アジアの光』『自由アジアの栄光』を制作し全国上映
	6月	国会で「戦後50年国会決議」、村山談話（8月15日）
	12月	「家族の絆を守り夫婦別姓に反対する国民委員会」（渡部昇一代表ら）
1996(H8)	4月	「長崎の原爆展示をただす市民の会」が長崎原爆資料館の展示是正運動
	9月	中学教科書の内容是正を訴え全国キャラバンを実施
	12月	夫婦別姓に反対する署名100万人

参考文献

〈日本会議について〉

堀幸雄 / 1983.6 /『戦後の右翼勢力』/ 勁草書房
上杉聰 / 2003.3 /「日本における『宗教右翼』の台頭と『つくる会』『日本会議』」/『季刊 戦争責任研究』第 39 号
ケネス・ルオフ / 2003.12 /「天皇制文化の復活と民族派の運動」/『国民の天皇』/ 共同通信社（2009 に岩波現代文庫から刊行）
上杉聰 / 2006.6 /「『つくる会』内紛の背景と今後」/『季刊 戦争責任研究』第 52 号
上杉聰 / 2006.10-11 /「日本会議─安倍の知られざる基盤」/『選択』Vol.32
上杉聰 / 2007.5 /「宗教右翼と現代日本のナショナリズム」/『年報 日本現代史』第 12 号
魚住昭 / 2007.10 /『証言 村上正邦　我、国に裏切られようとも』/ 講談社
俵義文 / 2008.2 /『〈つくる会〉分裂と歴史偽造の深層』/ 花伝社
上杉聰 / 2008.6 /「『万世一系』が衰退させる大衆天皇制」/『天皇制と部落差別』/ 解放出版社
西尾幹二・平田文昭 / 2009.12 /『保守の怒り』/ 草思社
山口智美・斉藤正美・荻上チキ / 2012. 10 /『社会運動の戸惑い』/ 勁草書房
上杉聰 / 2015.2 /『「日本会議」の実態、そのめざすもの』/ 立憲フォーラム
菅野完 / 2015.2 〜 /『草の根保守の蠢動』等のタイトルで HARBOR BUSINESS Online に連載
塚田穂高 / 2015.3 /『宗教と政治の転轍点』/ 花伝社
俵義文 / 2015.3 /「地方における日本会議の策動、その動向」/『前衛』
菅野完 / 2015.9 /「政権中枢まで巣くう『日本会議』の実態と危険性とは」/『第三文明』
週刊朝日取材班 / 2015.10 /「第 3 次安倍改造政権を支える宗教」/『週刊朝日』
菅野完 / 2015.11 /『「日本会議」の実態、そのめざすもの II』/ 立憲フォーラム

〈日本国憲法について〉　＊とくに古いものは、歴史的事実を知るうえで有益。

古関彰一 / 1989 /『新憲法の誕生』/ 中央公論社
松尾尊兊 / 1993 /『日本の歴史㉑国際国家への出発』/ 集英社
衆議院事務局 / 1995 /「帝国憲法改正案委員小委員会速記録」/ 大蔵省印刷局
古関彰一 / 2001 /『「平和国家」日本の再検討』/ 岩波書店（岩波現代文庫で再刊）
青木高夫 / 2013 /『原典から読み解く日米交渉の舞台裏一日本国憲法はどう生まれたか ?』/ ディスカヴァー携書

著者プロフィール

上杉　聰（うえすぎ・さとし）
1947年岡山県生まれ。上智大学文学部哲学科卒業。関西大学文学部講師などを経て、大阪市立大学特任教授、2011年に退官。部落史研究家として論文・著書を刊行する傍ら日本の戦争責任資料センター事務局長。1990年代に日本会議の動きにいち早く気がつき、調査を始める。「日本における『宗教右翼』の台頭と『つくる会』『日本会議』」『季刊 戦争責任研究』第39号（2003年）や「宗教右翼と現代日本のナショナリズム」『年報 日本現代史』第12号（2007年）などの論文を発表する。著書に『天皇制と部落差別─権力と穢れ』『これでわかった！ 部落の歴史─私のダイガク講座』『これでなっとく！ 部落の歴史』『脱ゴーマニズム宣言』等著書多数。

表紙・本文デザイン　TR. デザインルーム　タナカリカコ

日本会議とは何か
「憲法改正」に突き進むカルト集団

2016年5月15日　第1刷発行
2016年8月15日　第6刷発行

著　者　上杉　聰
発行者　上野　良治
発行所　合同出版株式会社
東京都千代田区神田神保町 1-44
郵便番号　101-0051
電話　03（3294）3506
振替　00180-9-65422
ホームページ　http://www.godo-shuppan.co.jp/
印刷・製本　新灯印刷株式会社

■ 刊行図書リストを無料進呈いたします。
■ 落丁乱丁の際はお取り換えいたします。

ISBN 978-4-7726-1270-8　NDC315 210 × 148